HANSELLE

HOMO DIGITALIS

ZU KLAMPEN

Reihe zu Klampen Essay
Herausgegeben von
Anne Hamilton

Ralf Hanselle,
geboren 1972 in Detmold,
studierte Germanistik und Philosophie in Bonn. Bis 2021 arbeitete er als freier Publizist für verschiedene deutsche Tages- und Wochenzeitungen. 2021 übernahm er das Ressort Kultur bei der Zeitschrift CICERO, deren stellvertretender Chefredakteur er seitdem ist.

RALF HANSELLE

Homo digitalis

Obdachlos im Cyberspace

»Werdet Vorübergehende!«

Thomas-Evangelium, Logion 42

»Die größte Gefahr in der Moderne geht nicht von der Anziehungskraft nationalistischer und rassistischer Ideologien aus, sondern von dem Verlust an Wirklichkeit. Wenn der Widerstand durch Wirklichkeit fehlt, dann wird prinzipiell alles möglich.«

Hannah Arendt

Für Maria

Inhalt

Prolog

Es gibt Entwicklungen, die einen grundlegenden Wandel unserer Lebenswelt einleiten – als werde eine Schwelle überschritten, ein *point of no return* erreicht. Die Digitalisierung mit all ihren Umbrüchen auf den Gebieten Kommunikation, Denken, Wahrnehmung, Handeln und Erinnern stellt eine solche Entwicklung dar. So wie die Menschen mit der beginnenden Schriftkultur vermutlich bald schon nicht mehr gewusst haben werden, wie es war, im magischen Bewusstsein der Bilder zu leben, so kommt uns in unserer gegenwärtigen Online-Kultur mehr und mehr das Gefühl für die Offline-Welt abhanden.

Gerade einmal dreißig Jahre ist es jetzt her, dass mit den sogenannten *digital natives* eine Generation die Bühne der Welt betrat, die erstmals keinerlei eigene Erinnerung mehr an ein nahezu vollkommen analoges Leben hatte. »You are terrified of your own children, since they are natives in a world where you will always be immigrants«, hieß es 1996 in der vom US-amerikanischen Menschenrechtler John Perry Barlow verfassten »Unabhängigkeitserklärung des Cyberspace«. Fortan also zerfielen die Menschen in zwei Gruppen: die Eingeborenen und die Fremden; die mit der Zukunft vor Augen und die mit der sicherlich oft auch lähmenden Geschichte im Gepäck.

Und wer möchte schon im Sinne Barlows ein Immigrant sein – zumal in einer zunehmend virtuellen Welt, die sich selbst mehr und mehr zu verflüchtigen scheint. Man stelle sich nur einmal vor, irgendwann um das dritte Jahrtausend vor Christus als Nicht-Alphabetisierter in Mesopotamien gelebt zu haben: Während um einen herum immer mehr Menschen die Welt in Zeilen und Linien – und somit in ein chronologisches Nacheinander – zu ordnen begannen, steckte man selbst fest in einer durch Bilder generierten Gleichzeitigkeit.[1] Und während für andere allmählich das historische Bewusstsein begann, blieb man selbst dem magischen Denken verhaftet. Hat man den Schritt in gänzlich neue Wahrnehmungsmuster einmal vollzogen, schwinden die einst das Dasein prägenden Erfahrungswerte. In den frühen Hochkulturen brauchte es dafür zuweilen Jahrtausende, heute vollzieht sich ein solcher Prozess in nicht einmal einer Generation.

Jeder Medienwechsel ist so gesehen vor allem ein Bewusstseinswechsel. Und es wäre wohl vermessen, wollte man dem Fortschritt ins Getriebe greifen. Doch hüten gerade auch die *digital immigrants* einen nicht unerheblichen Wissensschatz: Alles könnte

---

1 Zu den radikalen Veränderungen auf dem Weg von der Bild- zur Schriftkultur s. Vilém Flusser: »Für eine Philosophie der Fotografie«. Göttingen 1983.

eben auch ganz anders sein. Von dieser Erkenntnis handelt der folgende Essay. Er versteht sich nicht als nostalgische Rückrufaktion für die analoge Welt vor 1990; und er will schon gar nicht die vielen positiven Veränderungen leugnen, die die zunehmende Nutzung und Vernetzung von Computern in den letzten Jahrzehnten mit sich gebracht haben. Dieses Buch will vielmehr Wissen und Erfahrungen konservieren; Erfahrungen, die noch einmal von Bedeutung sein könnten für die *Conditio humana*.

Berlin, im Juni 2023

Der kommende Gott

I.

Mitten in Barcelona, geschützt von der Plaça d'Eusebi Güell und den 600 Jahre alten Klosteranlagen von Pedralbes, liegt eine alte Kapelle. Eingeklemmt von zwei schmalen Türmen erstreckt sich ihr Langhaus bis direkt vor die gläsernen Fassaden der Polytechnischen Universität. Torre Girona, Turm von Girona, heißt das eigentlich recht unspektakulär daliegende kleine Gotteshaus aus dem späten 18. Jahrhundert, das mit seinem Namen auf jene nordkatalonische Metropole verweist, in der seit dem Mittelalter die Kathedrale Santa Maria de Girona bis kurz vor den Himmel ragt. Torre Girona selbst ist wesentlich kleiner. Unter seinem roten Ziegeldach erstreckt sich das kühle, einst zu einem Kloster gehörende alte Sandsteingemäuer auf einer Grundfläche von gerade einmal 170 Quadratmetern. Zum Vergleich: Der Kölner Dom steht auf einer Fläche von fast 8000 Quadratmetern und ist somit gut 47-mal größer.

Wer sich jedoch ins Innere der gut geschützten und vor vielen Jahren bereits profanierten katalonischen Kirche hineinwagt, der wird nach wenigen Schritten von einer Art Wunder überwältigt. Kurz hinter der Apsis nämlich, dort wo das gut gekühlte Gebäude einzig noch von hohen, neoromanischen

Rundbögen getragen zu sein scheint, liegt eines der letzten Heiligtümer unserer Zeit: Durchscheinend ist es wie der göttliche Geist und schier allwissend wie der Allmächtige selbst. Sein Name: »MareNostrum«, unser Meer. In der römischen Antike noch das Wort für das Tyrrhenische Meer – jener Teil des Mittelmeers also, der die nach Westen hin geöffnete Küste Italiens mit den Inseln Sizilien, Sardinien und Korsika verbindet –, hat sich seine Bedeutung seither mehrmals gewandelt. Nach den Schlachten bei Actium und bei Philippi um das Jahr 30 v. Chr. dehnte sich das riesige Gewässer, welches die Römer einst wie ihre eigene Habe »das Unsrige« nannten, hinüber bis zur Iberischen Halbinsel und im Süden bis hinunter nach Ägypten aus.

Fluide und wandelbar, das scheinen auch treffende Attribute für dieses neue kleine Weltenmeer mitten in der Kirche in Barcelona zu sein. Allumfassend und weitschweifig ist es, als stünde es nicht in diesem alten christlichen Sandsteintempel, sondern als umspülte es die bis heute bekannte Welt bis in die kleinsten Ecken und Ritzen hinein. In Wahrheit aber verbirgt sich hinter dem aus der Geographie der Antike entlehnten Begriff zunächst etwas sehr anderes. »MareNostrum«, das ist ein im Jahr 2004 erstmals ans Netz gegangener Supercomputer, der, geformt aus unzähligen Server-Modulen, in einer Art gläsernem Schrein auf einer riesigen Plattform, gut 70 Zentimeter oberhalb des ursprünglichen Fundaments von Torre Girona thront. 1,5 Millionen

Stunden Filmmaterial könnte man auf diesem brummenden Riesen speichern, der in Länge und Breite nahezu den gesamten Kirchenraum ausfüllt. Doch tatsächlich nutzt man den Hochleistungsrechner vor allem für sogenannte Smart-City-Analysen – für die Aufbereitung von Daten zu Verkehrs- und Energieflüssen sowie zur Auswertung menschlicher Verhaltensmuster. Ebenso Meinungsanalysen sowie die gezielte Durchforstung von Social-Media-Inhalten sind mit »MareNostrum« möglich, Analysen aus dem Bereich Bio- oder Geowissenschaften sowie Forschungen im Bereich *Deep Learning*, also der methodischen Angleichung von computergenerierten Rechenoperationen an die Informationsverarbeitung im menschlichen Gehirn. Selbst das Universum soll dieser Riese in einer Art zweiten Schöpfung mittlerweile simulieren können. Und das alles unter der Aufsicht des Centro Nacional de Supercomputación und in schier unvorstellbarer Geschwindigkeit.

Dabei sieht man diese nahezu unendlichen Möglichkeiten der äußeren Form des Hochleistungsrechners zunächst gar nicht an. Mit etwas Phantasie erinnert »MareNostrum« eher an eine abstrakte Bestie, gefangen in einem überdimensionierten Glasaquarium. Sein sonores Brummen jedenfalls kündigt wie furchteinflößendes Magenknurren. Hier, in der einstigen Kirche also, lauert ein moderner Minotaurus auf seine Opfergaben aus Zahlen, Daten und Rechenoperationen. Heute, nach zahlreichen Umbauten und kaum noch zu überblickenden Modifikationen, hat die mittlerweile fünfte Version dieses gewaltigen Computerclusters eine Rechenkapazität von unvorstellbaren 200 Petaflops – das entspricht 200 Billiarden sogenannter Gleitkommaoperationen in der Sekunde – und einen Marktwert von geschätzt 223 Millionen Euro erreicht. In dem stetig in Bewegung befindlichen Ranking der globalen Supercomputer belegt er somit einen der vordersten Ränge. »MareNostrum« ist noch immer der größte Computer auf der Iberischen Halbinsel und liegt immerhin auf Platz 16 im nicht ganz unumstrittenen globalen Rennen der digitalen Megamaschinen.

Dieser Riese also, er erscheint nicht zuletzt durch die ihn umgebende Kirche wie ein geheimnisumwitterter und für die Öffentlichkeit meistenteils verborgener Gott. Derart imposant und unbegreiflich ist er, dass ihn der US-amerikanische Bestseller-Autor Dan Brown vor einigen Jahren sogar mal in einem seiner Romane verarbeitet hat: »Origin«, Ursprung.[1] Ein Thriller, der im Kern um die bis heute grundlegendste Frage des Menschseins kreist: Wo kommen wir her, und wohin werden wir gehen? Bis vor nicht allzu langer Zeit suchte man die Antwort darauf bei Priestern, Heiligen oder ihren profaneren Jüngern, Künstlern oder Philosophen. Ungezählte Meilen ist man während der Antike über die Meere gesegelt, um an den Orakeln von

1 Dan Brown: »Origin«. München 2017.

Ephyra, Dodona und vor allem von Delphi Antwort auf unsere quälendsten Fragen zu erhalten. Von der Stadt Sardes in der heutigen Türkei reiste der lydische König Gyges und von Rom startete Brutus mit seinen Gefährten. Immer im Gepäck: Neugier und Unwissenheit. Ozeane haben die antiken Helden durchquert, Gebirgsketten überwunden und Abenteuer bestanden. Und das nur, um etwa am Hang des Parnass, dem Ort des berüchtigten delphischen Orakels, Erklärung für die letzten Dinge zu finden.

Bei Dan Brown genügen ein einziges Passwort und ein schneller Klick auf eine PC-Tastatur: Enter! Schon spuckt der Computer all die Antworten aus, die uns zur letzten Weisheit gefehlt haben. Mit einem einfachen Befehl entsteigen sie der digitalen Megamaschine im Meer gewaltiger Datenströme. Gerade einmal 2.000 Jahre nach Brutus' Pilgerfahrt machen sie aus uns Helden ohne Reise. Darin unterscheidet sich der Supercomputer aus Browns Buch übrigens auch längst von dem legendären Rechenriesen *Deep Thought* aus Douglas Adams' Science-Fiction-Roman »Per Anhalter durch die Galaxis«[2]. Der nämlich gab zwar auch Antwort auf »die Frage nach dem Leben, dem Universum und dem ganzen Rest« – bekanntlich lautete die »42« –, doch musste man für diese wenig zufriedenstellende Auskunft zunächst einen schier unendlichen und nicht unge-

---

2 Douglas Adams: »Per Anhalter durch die Galaxis«. München 2009.

fährlichen Road-Trip durch Raum und Zeit zurücklegen, um dann nach siebeneinhalb Millionen Jahren Rechenzeit – das ist weit länger, als ein herumirrender Held wie etwa Odysseus je unterwegs war – eine letztlich nur kryptische Antwort zu erhalten.

Über vierzig Jahre nach diesem kosmischen Sinn-Desaster also sind Raum und Zeit längst bis auf ein Minimum verkürzt worden. Hier, im Westen der Hauptstadt Kataloniens, unter purpurfarbenen Decken, die so aussehen, als wären sie Baldachine für einen kommenden König, sind alle Fragen zu Antworten geworden, und jegliches Wissen ist per Mausklick verfügbar. Wofür ein einziger PC Jahre bräuchte, das schafft »MareNostrum« in wenigen Minuten. Am Ende bekommt da nicht nur Browns Romanheld, ein fiktiver Harvard-Ikonologe mit Namen Robert Langdon, den der Erfolgsautor bereits 2003 in seinem Bestseller »Sakrileg« auftreten ließ, weiche Knie. Nicht von ungefähr entfährt ihm vor diesem Superrechner ein Ausruf, der noch heute als Epiklesis bis an den Himmel, wahlweise auch nur bis an die gläserne Decke des eigentümlichen Computer-Schreins heranreicht: »Mein Gott!« ruft Langdon wie in einem Gebet, während seine Augen diese unfassbare Monotonie der Technik erblicken. »Eli, Eli!« will man da als Leser nur noch verzweifelt hinzufügen: Hast Du uns wirklich schon so sehr verlassen?

Was für die literarische Fiktion gilt, das gewinnt auch in der Realität zunehmend an Gültigkeit.

Nicht zuletzt die erhitzten Debatten um den Chatbot *ChatGPT* aus den Tech-Laboren des amerikanischen Software-Entwicklers OpenAI haben mittlerweile nahezu jedem Zeitgenossen deutlich gemacht, wie sehr die Künstliche Intelligenz längst einen Angriff auf das Selbstbild sowie auf den Eigenwert des Menschen darstellt. Es war, als hätten sie Gott gesehen, sollen Anfang 2023 anonyme Test-Nutzer von ChatGPT gesagt haben, nachdem sie erstmals ihre dringlichsten Fragen an die selbstlernende Künstliche Intelligenz stellen durften.

Hier aber, in der realen Kirche an der Plaça d'Eusebi Güell, ist das längst mehr als eine Metapher und beileibe keine bloße Theorie mehr. In diesem profanierten Gotteshaus beginnt jeder Besucher mit allen Sinnen zu erspüren, welch gewaltiger Umbruch derzeit auf der Agenda des Menschen steht. Geradezu prometheische Scham[3] und nie dagewesene Versagensängste befallen hier den alten Adam, diesen zunehmend antiquiert erscheinenden Menschen, in Gegenwart der 48 schwarzen Metallgehäuse, die in Torre Girona die Ankunft eines neuen Gottes verkörpern. Zusammengehalten von über hundert Kilometern bunter Kabel,

3 Der Gedanke der »prometheischen Scham«, also der krankhaften Unterlegenheitsgefühle des Menschen im Angesicht seiner Technik, taucht erstmals in Günther Anders' Buch »Die Antiquiertheit des Menschen« auf. S. Günther Anders: »Die Antiquiertheit des Menschen«, Bd. I, »Über die Seele im Zeitalter der zweiten industriellen Revolution«. München 2010.

dem Ariadne-Faden des *Homo digitalis*, verstaut im Unterboden der kleinen Kirche, wirkt dieser Gott auch in den drei Dimensionen des von Kunstlicht erhellten Raumes derart abstrakt und gänzlich unbegreiflich, dass er allenfalls noch an die Kaaba in Mekka oder an das berühmte Schwarze Quadrat von Kasimir Malewitsch gemahnt. Es ist der Suprematismus der Gegenwart, aufgeblasen zu schier unglaublicher Größe. Die Welt als vollkommene Abstraktion. Torre Girona, diese in nur vier Monaten umgebaute Kirche, ist zur Weihestätte für ein vollkommen neues Glaubenssystem geworden, ein *Smart Temple* für Big Data, jene globale Weltreligion, die der israelische Historiker Yuval Noah Harari in seinem 2017 erschienenen Buch »Homo Deus«[4] auf den Namen »Dataismus« getauft hat.

II.

Dabei gibt es weltweit inzwischen viele Orte wie Torre Girona. Orte, die bei genauer Betrachtung keine mehr sind. Es sind eher Platzhalter. Invasive Räume, in denen der Cyberspace einen Fußabdruck im analogen Diesseits hinterlassen hat. Mit letzter Kraft krallt sich hier der virtuelle Raum an die Welt der Erscheinungen. »Da ist nichts drin«, lässt denn auch Dan Brown seinen Romanhelden Robert Lang-

---

4 Yuval Noah Harari: »Homo Deus. Eine Geschichte von Morgen«. München 2020.

don bemerken, kaum dass der einen Blick hinter den Spiegel der blaugrauen 19-Zoll-Metallracks im Inneren von »MareNostrum« geworfen hat. Nichts drin: als wäre dies nicht Science Fiction, sondern der Stoff einer modernen Ostergeschichte: »Der, den ihr sucht, ist nicht hier«, wie es einst in der Auferstehungsgeschichte nach Lukas heißt. Zwar mögen sich in Torre Girona auch Spurenelemente jener alten analogen Welt befinden, die sich noch ganz an Stoff und Materie festhält, doch immer mehr entzieht sich hier die Präsenz der dinglichen Welt. Das, was einstmals statisch war, fließt hier in vollkommen virtualisierte Räume hinein.

500 solcher Supercomputer soll es mittlerweile auf unserem Globus geben. Allein 162 von ihnen stehen in China; 127 weitere in den Vereinigten Staaten von Amerika. Der aktuell schnellste heißt »Summit« und ist ein von IBM betriebener Rechner am Oak Ridge National Laboratory in Tennessee, USA. In Deutschland existieren laut Statistischem Bundesamt immerhin 34 dieser meist zu Clustern zusammengesteckten Hochleistungsmaschinen. Vernetzt mit all ihren digitalen Brüdern und Schwestern formen sie 500-mal eine Inkarnation ganz ohne Körper. Ein Datengerippe bar von Haut und jeglicher Hülle. Denn trotz all dieser wohlgeordneten Platinen, dieser ungezählten Dioden, Festplatten und Chassis – letztlich steht man wortlos vor der Verkörperung eines topographischen Vakuums. Das, was noch da ist, so will es erscheinen, ist vielleicht

einzig noch in diesen Räumen präsent, um auf das zu verweisen, was nicht mehr da ist. Als wäre jeder Gegenstand nur noch der symbolische Platzhalter für ein virtuelles Environment, Sinnbild einer aus den Fugen geratenen Wirklichkeit.

Und mit diesen gottgleichen Superrechnern ist es nicht genug: Zu ihnen gesellen sich weiterhin 33 Millionen überdimensionierte Computerserver. Auch sie befinden sich oft an zuweilen geheimen, meist aber widermenschlichen, weil kalten und entseelten Orten. Nichts an diesen neuen Cyberarchitekturen scheint Tiefen oder auch nur winzige Dellen zu besitzen. Da gibt es weder Ecken noch Kanten; kein Ornament, keine Wunde; kein Riss, nicht eine einzige Fuge. Diese gegen jegliche Widerspenstigkeit hin abgeriegelte aseptische Welt aus Glas, Spiegelflächen und glänzendem Polypropolen ist in einer geradezu unnachahmlichen Glattheit codiert. Selbst der Zahn der Zeit scheint diesen smarten und makellosen Hüllen nichts anhaben zu können. Denn da ist weder Oxidation noch Abnutzung, nicht Zersetzung oder Pulverisierung. Ganz wie es einst Walter Benjamin in seinen berühmten Essays über »Illuminationen«[5] behauptete, als er dort schrieb, dass »die Dinge aus Glas keine Aura« besäßen. Prophetische Worte; aufgeschrieben zu einer Zeit, in der die spiegelglatten Ober-

5 Walter Benjamin: »Illuminationen. Ausgewählte Schriften«. Frankfurt a. M. 2001.

flächen noch relativ jung waren. Glas, so der 1940 im 140 Kilometer nördlich von »MareNostrum« befindlichen Portbou ums Leben gekommene deutsche Kulturkritiker, sei ein hartes und glattes Material, an dem sich nichts festsetze. Kalt und nüchtern sei es und ohne Geheimnis. Und dennoch: In Torre Girona ist neben dieser Kälte ein merkwürdiger Hauch von Ewigkeit zu spüren. Von allen natürlichen Materialien der Welt nämlich hat Glas auch die mit Abstand längste Verfallszeit.

Verkörperte die Moderne in ihrer »unanständigen Nacktheit«[6] – ein Wort, das man im *Fin de Siècle* bereits gegen die gesichtslosen Fassadenentwürfe eines Adolf Loos oder Paul Engelmann gebrauchte – noch die Wende vom Historismus zur Funktionalität, also hin zum reinen Zweck, so sind die flachen und transparenten Cyberarchitekturen – all die Glaskuben, Metallspiegel und blickdichten Mattscheiben – längst Ausdruck einer Wirklichkeit, die sich zusehends in Auflösung befindet. Die »stahlharten Gehäuse der Hörigkeit«[7], denen in

---

6 Als der Wiener Architekt Adolf Loos 1909 den Auftrag zum Bau eines Geschäftshauses in der Wiener Innenstadt erhielt, verzichtete er auf jegliches Ornament und florales Dekor. Der Entwurf symbolisiert die Abkehr vom Secessionismus und sorgte in der Wiener Gesellschaft für erregte Debatten. Ein immer wieder zu hörender Vorwurf bestand in der »unanständigen Nacktheit« des Gebäudes.

7 Der Gedanke taucht erstmals in Max Webers 1922 erschienenem Buch »Wirtschaft und Gesellschaft« auf. Max Weber: »Wirtschaft und Gesellschaft. Grundriss der verstehenden Soziologie«. 5. Aufl., hrsg. von Johannes Winckelmann. Tübingen 1980.

ihrer Form immer auch ihre Funktion eingeschrieben war, haben sich in das rauschende Meer, das »MareNostrum«, ergossen. Die »modernen Nerven«, so Adolf Loos noch 1908 in seinem Buch »Ornament und Verbrechen«[8], bräuchten das Ornament nicht mehr. Die postmodernen Nerven, so will man ergänzen, liegen längst derart blank und offen zutage, dass sie überhaupt nichts mehr benötigen – nicht einmal eine haptisch fassbare Außenseite. Und doch ziehen sich diese Nerven in weit verästelten Fasern durch gewaltige Raumbilder hindurch; durch transparente Architekturen, die wie in einem Traum aus dem Unbewussten der digitalen Gesellschaft aufgestiegen sind. Denn in ihrer Komposition wie in ihrer Form verraten sie viel darüber, wie sich diese Gesellschaft in ihrer eigenen Gegenwart selbst betrachtet. Als wäre sie wie ihre eigene Technik, smart und ohne Widerstände, als hätte sie kaum noch Erinnerungen.

Denn anders als etwa die gläserne *Galerie des Machines* auf der Pariser Weltausstellung von 1889, die mit ihren freischwebenden Stahlbögen einen zu dieser Zeit unvorstellbaren Raum von bis zu 50 Meter Höhe und 422 Meter Länge überspannte, ist der Glaskubus in der kleinen katalonischen Kirche zu einer vollkommen entorteten Sphäre verkommen. Selbst die oft gepriesenen gläsernen

---

8 Adolf Loos: »Ornament und Verbrechen«. Herausgegeben von Oliver Ruf. Stuttgart 2019.

Industriearchitekturen des 19. und 20. Jahrhunderts – der »Crystal Palace« in London oder eben die Pariser »Maschinenhalle« – besaßen noch eiserne Nähte und Ornamente aus Stahl, waren gezeichnet von Bolzen und ehernen Diensten. Nicht von ungefähr verglichen Zeitgenossen wie Frantz Jourdain und später auch Bruno Taut diese Glasbauten mit griechischen Tempeln oder mit mittelalterlichen Kathedralen. Die keimfreien Gefäße aber, die die neuen Digitalmaschinen aus Prozessoren und Mikrokontrollern umschmiegen, haben keinerlei formale Bezugsgrößen mehr in ein irgendwie vorgelagertes Gestern. Sie sind ohne Vergleich und ohne Geschichte. Und so ist der Kubus in Torre Girona nicht einfach Kirche in einer Kirche – eine Art sakraler Matrjoschka. Eher schon ist er Anti-Kirche: ohne Symbol und ohne Spektakel, ohne Vorbild und ohne Erinnerung. Alles prallt an diesen sterilen und spiegelglatten Flächen ab. Selbst Blicke geraten ins Rutschen und Assoziationen finden keinen Halt mehr. Da ist nur Meer und leeres Rauschen: »MareNostrum« … Am Ende drohen seine Wogen uns wohl alle zu verschlingen.

III.

Es sind dies die Orte, die überall – und bei genauer Betrachtung doch nirgends mehr sind. Um sie nachzubauen, benötigt man nur müdes Neonlicht sowie entschwindende Körper. Das Ergebnis wird eine

»Ästhetisierung als Anästhetisierung« sein. So zumindest hat sie der deutsch-koreanische Philosoph und Kulturwissenschaftler Byung-Chul Han vor einigen Jahren pointiert beschrieben, in einem Essay über das, was er das »Digitalschöne« nannte – über all die Körper und Oberflächen in dieser allzu glatten Welt.[9] Für Han symbolisierten sie einzig noch das reine Gefallen. Kein Anecken, kein Widerspruch. Wortlos stehen wir vor Räumen ohne Tiefe und ohne Geheimnis. Wie eine brutale Umstülpung des oft zitierten »Weltinnenraums«[10], jener kaum ergründbaren Topographie aus einem der vielleicht berühmtesten Gedichte Rainer Maria Rilkes:

Durch alle Wesen reicht der eine Raum:
Weltinnenraum. Die Vögel fliegen still
durch uns hindurch. O, der ich wachsen will,
ich seh hinaus, und in mir wächst der Baum.[11]

Doch statt der in dem Vers beschriebenen poetischen Weite, die alles umspannt und zugleich doch alle Umspannung in sich selbst bereits ist, scheint die heutige Cyberwelt einzig mit Verflachung, mit Einebnung und Aufplättung beschäftigt zu sein.

---

9 Byung-Chul Han: »Die Errettung des Schönen«. Frankfurt a. M. 2015.

10 Rainer Maria Rilke: »Es winkt zur Fühlung«, in: Rainer Maria Rilke: »Die Gedichte in einem Band«. Berlin 2006.

11 Ebd.

Was wir erleben, ist der Rückzug des Außen. Eine nahezu besenreine topographische Räumung. Vor dem Glaskubus in Torre Girona jedenfalls ist die Welt bereits derart entschwunden, dass sie auf eine flache Fensterscheibe reduziert ist, eine *flat screen* von gewaltiger Größe.

Und so wie die Supercomputer und Serverfarmen, so sind letztlich auch all ihre ungezählten digitalen Diener: die Smartphones, Handys und Tabletcomputer; die Flachbildschirme und die schwarzen Konsolen. Bein von seinem Bein, Fleisch von seinem Fleische. Da ist, um die aufschlussreich antiquierte Sprache der Netzwerkarchitektur zu bemühen, *Master* wie *Slave* und *Server* wie *Client*: Ich das Haupt, ihr die Glieder. Wie stets in einer religiösen Geschichte: durch einen Geist zu einem Leib getauft. Wie hieß es schon bei Paulus von Tarsus: »Denn gleichwie ein Leib ist, und hat doch viele Glieder, alle Glieder aber des Leibes, wiewohl ihrer viel sind, doch ein Leib sind«?[12] Ein Satz, der sich ursprünglich an die frühchristliche Gemeinde von Korinth richtete. In dieser profanierten Kirche aber gilt die Textlesung über den neuen Bund der religiösen Clustersysteme längst den zusammengeschlossenen Datenverbünden digitaler Maschinen.

Die nämlich sind in ihrer Struktur wie die berüchtigte Lernäische Schlange: Nicht nur, dass sie

12 1. Korinther 12, 12.

einem aus den Händen entgleiten, sobald man sie zu greifen sucht. Jedes Haupt ist auch nur Attrappe. Schlägt man eines ab, wachsen zwei weitere nach. Der Kopf in der Mitte aber bleibt unsterblich. In seiner dezentralen Anatomie kreiert sich das unentwegt wandelnde Datenmonster immer neue Durchlaufbahnen. Und selbst wenn es einem, wie ehedem noch dem tapferen Helden Herakles, gelänge, alle Köpfe der Hydra gleichzeitig zu zerschmettern und selbst den zentralen Schädel abzuschlagen ... Es bliebe doch wie in der alten Sage: Die Heldentat würde nicht angerechnet. Immer wieder neu verknüpften sich die Datenpunkte, so dass der elektronische Drache am Ende nur immer wieder aufs neue erstünde. Der »Megatechnische Pharao«[13], wie der Philosoph Jochen Kirchhoff diese vorerst wohl letzte Inkarnation autoritärer Technik nennt, gebiert sich immer wieder neu. Andere haben andere Bilder gefunden, um mit ihnen Supercomputer wie »MareNostrum« für ihren Verstand überhaupt noch greifbar zu machen. Und auch die stammten auffällig oft aus der Archäologie: Dan Brown etwa verglich den Rechner in seinem Roman »Origin« mit der über 2.200 Jahre alten Terrakotta-Armee im chinesischen Xian, der berühmten Grabanlage für

---

13 Jochen Kirchhoff führt die Denkfigur des Megatechnischen Pharaos erstmals in seinem Buch »Die Erlösung der Natur« ein. Jochen Kirchhoff: »Die Erlösung der Natur. Impulse für ein kosmisches Menschenbild«. Klein Jasedow 2004.

Kaiser Qin Shi Huang Di. Der träumte einst übrigens davon, unsterblich zu werden, eine Sehnsucht, die den selbsternannten Gottkaiser bereits mit heutigen Transhumanisten verband. Qin Shi Huang Di schluckte zur Erfüllung dieses Menschheitswunsches Quecksilberpillen – und verstarb daran.

Doch zurück zu »MareNostrum«. Egal also, welche Bilder und Namen man für den Rechner findet: Es ist, als führten die Götter der Zukunft ohnehin nur zurück zu den Rätseln des Gestern. Mit dem Verstand jedenfalls wird man sie niemals lösen. Nein, man wird sie wohl nicht mal bis ins Letzte begreifen können.

Da ist etwa Lulea, eine schwedische Stadt kurz vor dem Nordpolarkreis. Bei Temperaturen nahe dem Gefrierpunkt lagern an diesem unwirklichen Ort am Botnischen Meerbusen ungezählte Datenmengen. Dies sind die virtuellen Hinterlassenschaften der europäischen wie internationalen User des Tech-Riesen Meta. Oder genauer gesagt: Es sind deren Kopien. Denn jeder Post, der auf den Social-Media-Seiten der Meta-Dienste *Facebook*, *Instagram* oder *WhatsApp* hochgeladen wird, verfügt weltweit über mindestens drei Duplikate. D. h., ein Post ist in sich selbst nicht mehr als seine Verdoppelung. Urschrift und Abschrift nämlich sind im virtuellen Raum obsolete Begriffe. Was in der dezentralen Struktur des Netzes, das sich wie eine endlose Datenschleife über unseren Globus spannt, noch originär und auratisch wäre, lässt sich längst nicht mehr ermessen. Schrieb Walter Benjamin über die Aura noch den bekannten Satz, nach dem diese im Zeitalter der technischen Reproduzierbarkeit mehr und mehr verkümmert sei,[14] so ist sie in der Ära der totalen digitalen Verfügbarkeit und zu keinem Zeitpunkt vorhanden gewesen.

Für diese schier gigantische Leistung, deren es bedarf, um dem Diesseits seine Aura – was ja nichts anderes meint als den Schein einer letzten und vielleicht jüngst noch vermuteten Heiligkeit – zu entreißen, benötigen Internetdienste wie eben *Facebook*, *Google* oder auch *ChatGPT* von Jahr zu Jahr immer mehr und immer größere Serverfarmen – Data-Center und Knotenpunkte für die digitalen Highspeed-Netze. Zwei ergänzende Rechenzentren hat Meta, der Mutterkonzern von *Facebook* aus Menko Park, Kalifornien, in den zurückliegenden Jahren in Europa errichtet. Und auch in Asien befinden sich zig weitere Server. Lulea aber, mit seinen drei gewaltigen Hallen, viereinhalbmal so groß wie ein Fußballfeld, war 2013 der erste *Facebook*-Standort außerhalb der Vereinigten Staaten von Amerika. 10.000 Server auf 28.000 Quadratmetern sollen hier mittlerweile herumstehen – militärisch aufgereiht in gut heruntergekühlten Lagerhallen, als wären sie die Wohnmaschinen für den computergenerierten

14 Walter Benjamin: »Das Kunstwerk im Zeitalter seiner technischen Reproduzierbarkeit. Drei Studien zur Kunstsoziologie«. Frankfurt a. M. 1963.

Größenwahn. Weltweit greifen diese Datenspeicher mittlerweile auf zwei Prozent des globalen Energieverbrauchs zurück. Wollte man alle Server der Welt daher an ein nationales Stromnetz anschließen, dann verbrauchten sie so viel Energie wie die gesamte Bundesrepublik Deutschland. Es ist ein schier unstillbarer Energiefraß, der die zu Unrecht oft als »grün« gepriesene Digitalwirtschaft vor Jahren bereits zum strom- und ressourcenintensivsten Wirtschaftszweig der Welt gemacht hat – weit vor der so oft gescholtenen internationalen Luftfahrt oder vor dem maritimen Schiffsverkehr. Und die Tendenz ist weiterhin steigend. *ChatGPT3* etwa, der Chatbot von OpenAI, soll allein in seiner ersten, nur 34 Tage andauernden Trainingsphase 936 Megawatt Strom pro Stunde verbraucht haben – das entspräche dem Verbrauch von knapp 100.000 europäischen Durchschnittshaushalten an einem Tag. Und für jede Frage, die man dem selbstlernenden Chatbot heute stellt, soll der auf Energieflüsse zurückgreifen, die tausendmal höher sind als die einer konventionellen *Google*-Anfrage.[15]

Doch vielleicht ist es das Geld wert. Denn Luleo und Torre Girona sind jene mysteriösen Orte, an

15 Die Zahlen wurden am 10. Januar 2023 von dem deutschen Softwareunternehmen innFactory von Tobias Jonas in einem Hintergrundartikel zu *ChatGPT* veröffentlicht. Jonas bezieht sich in seinen Recherchen auf Angaben, die OpenAI auf LinkedIn veröffentlicht hat. Tobias Jonas: »ChatGPT: Die Cloud-Kosten des berühmtesten AI-Sprachmodells«. In: innFactory.de

denen sich noch einmal manifestiert, wie stark unsere Alltagswahrnehmung längst unter Weltverlust leidet. Es sind die letzten Zufluchtsstätten in einer wachsenden digitalen Obdachlosigkeit. Für einen kurzen Moment kann unsere sonst auf Bilder, Symbole und Archetypen konditionierte Phantasie hier Ruhe und sogar so etwas wie Halt oder Heimat finden. Irgendwo an diesen Orten, so würde man es nur allzu gerne glauben, müssen sie sein: jene 33.000 Exabytes Daten – umgerechnet in ein aus acht Bits zusammengesetztes Byte ergäbe das eine Zahl mit 21 Nullen –, die in ihrer Gesamtheit einen schier grenzenlosen Cyberspace formen. Und jedes Jahr, so heißt es, kommen weitere 47 Zettabyte Daten hinzu. Daten, aus denen wir uns dieses sich unentwegt selbst erweiternde Trainingslager für Rechenoperationen und Algorithmen erschaffen. Am Ende sind all das natürlich nur Zahlen; binäre Codes aus Nullen und Einsen. Doch in ihrer Summe stehen sie für einen bis dato nie dagewesenen Bruch in der Zeit. Die Betaversion der allmählich um sich greifenden Umwertung unserer vermutlich allerletzten Werte. In Verbindung mit den nun ebenfalls am Horizont sichtbar werdenden Veränderungen in den Bereichen Genetik, Prothetik, Bio- und Nanotechnologie werden uns diese vielleicht schon bald über einen neuen Urknall hinauskatapultieren. Zumindest ihre Adoranten sind von dieser epochalen Wirkung ihrer neuen Götter zutiefst überzeugt.

Doch können wir uns solch eine Zukunft überhaupt vorstellen? Wissen wir wirklich, was jetzt auf dem Spiel steht? Wer wirklich ermessen wollte, was dieser ins Grenzenlose gesteigerte digitale Extremismus in absehbarer Zukunft an Wandel bereithalten wird, der sollte jetzt zur Umkehr bereit sein. Er dürfte sich nicht noch weiter voran ins sogenannte »Novozän«[16], weiter in die Ära der Hyperintelligenz und weiter in diesen unfassbaren Raum ohne Bilder begeben, in dem sich schon jetzt alles unter unseren Händen verflüssigt, so lange, bis alle Schranken unserer Vorstellungskraft überstiegen sein werden und jener magische Punkt erreicht wird, der von Transhumanisten die »Singularität«[17] genannt wird. Wer verstehen will, der sollte jetzt in die Geschichte zurückkehren – in die Kirche an der Plaça d'Eusebi Güell. Denn fürwahr: Die Götter der Zukunft weisen immer nur zurück auf die Rätsel des Gestern. Nur dort wird man vielleicht wieder ermessen, was jetzt auf dem Spiel steht: jenes Un-

---

16 Der Begriff »Novozän« verweist auf den Titel eines Buches von James Lovelock, in dem der Begründer der Gaia-Theorie das »kommende Zeitalter der neuen Hyperintelligenz« zu beschreiben versucht. Eine Ära, in der laut Lovelock aus der Künstlichen Intelligenz eine neue Art von Lebewesen hervorgegangen sein wird: Cyborgs, die 10.000-mal schneller sein werden als wir.

17 Der Begriff »Singularität« wurde erstmals von dem ehemaligen *Google*-Entwickler Ray Kurzweil populär gemacht. Er beschreibt einen Punkt, ab dem der Computer intelligenter sein wird als der Mensch und an dem sich der Mensch dem Computer unterordnen muss.

erklärliche, das auf dem Weg durch Räume und Zeiten verlorengegangen ist. Kehren wir also noch einmal zurück – zumindest für die Dauer eines Gedankenexperimentes, heimwärts also zu den Tempeln und Grotten, vorbei an den Höhlen und den Erdlöchern. Schon von den ersten prähistorischen Ausbuchtungen schrieb der Architekturhistoriker Sigfried Giedion, dass diese keine Wohn- als vielmehr Kultstätten gewesen seien. Denn: »Im eigentlichen Inneren der Höhlen fanden sich keine Spuren von Wohnplätzen. Die Höhlen selbst bildeten Heiligtümer, in denen mit Hilfe der magisch wirksamen Bildwerke das Ritual sich vollzog.«[18]

Verfolgt man diesen Gedanken immer weiter, so ist vielleicht jeder Raum in seinem wirklich letzten Winkel nicht weniger als eine heilige Stätte. Egal, ob es sich um eine prähistorische Kathedrale, gefertigt aus Stein und Stalagmiten, handelt oder um das stählerne Behältnis moderner Industriearchitekturen. Jede Sphäre gemahnt im letzten an die heilige Zelle, an das Grab von Auferstehung und Transformation, an die Höhle des Shivas oder an den Wandlungsort in der Eremitage. »Haus und Tempel sind wesentlich eins«, so der niederländische Religionsphänomenologe Gerardus van der Leeuw.[19] Jeder Raum ist somit zumindest in seinem

---

18 Sigfried Giedion: »Architektur und Gemeinschaft«. Hamburg 1956.

19 Gerardus van der Leeuw: »Phänomenologie der Religion«. Tübingen 1956. S. 448.

historischen Kern nicht weniger als der Uterus für die Geburt eines göttlichen Funkens. Und eine Welt ohne Raum, so steht zu befürchten, eine Sphäre aus Virtualität und Entortung, gebiert am Ende vielleicht Unmengen an Informationen und Daten, aber darüber hinaus nichts Heiliges mehr.

Dabei erkannte man die magische Kraft von Räumen und umfriedeten Flächen schon in den frühesten Mythen. Schuf nicht der biblische Gott am Anfang von allem eine Weltenbühne als gigantischen Raum, eine Feste zwischen den Wassern, die da scheide zwischen den Wassern?[20] Gotteserfahrung ist in diesem Verständnis Raumerfahrung. Das wusste man selbst noch im Mittelalter: In einem alten und auf den ersten Blick vielleicht etwas merkwürdig erscheinenden Traktat aus dem 12. Jahrhundert, wiedergegeben in der Klosterhandschrift »Libellus de custodia cellae«, heißt es diesbezüglich etwa, dass eine klösterliche Zelle für ihre Bewohner so wichtig sei wie ein Aquarium für einen Fisch: »Denn so ertragreich es ist, sich in ihr aufzuhalten, so gefährlich ist es, ihr lange fern zu bleiben, kann doch der Zellenbewohner geistlich nicht länger am Leben bleiben, als ein Fisch körperlich außerhalb des Wassers«[21], schreibt da ein Kartäuser-Mönch

---

20 S. Genesis 1,6.

21 Nikolaus Staubach: »Vita solitaria und vita communis. Der Innenraum als Symbol religiöser Lebensgestaltung im Spätmittelalterr«. In: Nikolaus Staubach (Hg.): »Außen und Innen. Räume und ihre Symbolik im Mittelalter«. Frankfurt a. M. 2007.

mit Namen Adam von Dryburg über die tiefe spirituelle Bedeutung der von Menschenhand geschaffenen Sphären. Und sollte dem zeitgenössischen Leser bereits ein solcher Gedanke fremd und rätselhaft erscheinen, so hat der mittelalterliche Autor noch weit merkwürdigere Dinge zu berichten: »Seht, es gibt einen Fisch mit Namen Allec«, heißt es in dem klösterlichen Traktat weiter, »der in eben demselben Augenblick, da er das Wasser verlässt, sein Leben verliert. Und aus seinem Namen ist das Wort ›cella‹ gebildet, wenn man ihn nämlich umwendet und von hinten nach vorn liest.«

So okkult und verschwommen die Behauptungen in diesem alten Manuskript aus der Zeit der Kreuzzüge auch sein mögen, so nähren sie doch die Ahnung über ein geradezu mystisches Zusammenspiel von Weltenraum und Seelenraum. Das eine scheint in dieser Lesart fast wie das andere zu sein; nur umgestülpt, von hinten nach vorne – oder eben von vorne nach hinten gelesen. Denn Gott, so lautet zumindest eine mystische Erfahrung, aufgeschrieben in Giordano Brunos »Das unermessliche Universum und die zahllosen Welten«[22], ist »Innen und Außen auf gleiche Weise«. Das Inwendige geht in solch geistigen Erlebniswelten nicht ohne das Äußere, so wie das Objektive nicht ohne das Subjektive zu haben sein dürfte. Man muss solch

---

22 Giordano Bruno: »Das unermessliche Universum und die zahllosen Welten«. Kindle Editionen 2017.

religiöse Interpretationen als moderner Leser nicht unbedingt teilen. Doch selbst wenn der Philosoph und Ketzer aus dem italienischen Nola hier nur eine rein subjektive Erkenntnis ausgesprochen haben sollte, so ist sie doch Teil unseres menschheitsgeschichtlichen Erfahrungsschatzes. Bei Lao-Tse etwa, dem großen Weisen des Taoismus in China, heißt es bereits vor über 2500 Jahren, dass das ewig Jenseitige und das räumlich Diesseitige ihrem Ursprung nach eins seien. Längst ist daher noch nicht ausgemacht, was wirklich geschehen wird, wenn die äußerlichen Höhlen um uns herum nun mehr und mehr schwinden werden. Wenn der *Homo digitalis* die alten Dome nicht mehr durchschreitet und sich in Gruben nicht mehr birgt. Wenn er ortlos wird – die Tempel bereinigt sind und die Stätte verstellt ist.

Der Tod der Kathedralen

I.

Am ehesten kann man den drohenden Verlust, die Umformung aller bis dato geltenden Raumordnungen daher wohl hier studieren: in Torre Girona, der Kirche auf dem Campus der Polytechnischen Universität Barcelonas. Es macht die eigentümliche Faszination des profanierten Gotteshauses aus, dass es an einem Kreuzungspunkt zweier Welten liegt. Eine Verbindungsstelle von christlichem Glauben und »Dataismus«. Während die bunte Bleiverglasung über dem Chorraum, so als wäre sie zurückgeblieben als heiliger Trotz, noch immer eine klassische Kreuzigungsszene zeigt, stehen entlang der vermauerten Seitenschiffe glatte Serverschränke herum. Besonders im Hauptschiff aber schmiegen sich die zwei Zeiten aneinander: die Zeit der Orte und die der Entortung; die der Sesshaften und die der Unbehausten, der nachmodernen, der digitalen Nomaden. Ein Glaubenssystem ist hier dem anderen Spiegel.

Nicht so sehr der Datensatz auf dem Altar ist es also, der unter den neoromanischen Rundbögen in der spanischen Kirche so fasziniert. Auch nicht die oft nur mit schweigendem Staunen vollzogene Anbetung von Big Data. Der eigentliche Zauber liegt in dieser Synoptik; in der Zusammenschau zweier

Vorstellungswelten: Dort, wo vor vierzig Jahren noch Priester heilige Messen lasen, wo Kleriker durch stille Flure schritten und Gläubige in belebte Hallen eintraten, dort ist nun der Weg versperrt und alle Gänge sind mit Glas verriegelt. Im Herzen des Tempels: eine brandneue Bundeslade aus reinstem Glas. Nichts also *geht* mehr in Torre Girona. Keine Prozession, nicht einmal ein kleiner Bittgang. Das seit 2.000 Jahren aufgeführte mimetische Drama ist genau hier an einen Endpunkt gelangt.

Jüngst noch, da mochte dieses große sakrale Gefäß wie ein geheimnisvoller Durchgang, eine Passage in eine andere, eine weit nach innen gewölbte Welt wirken, wie eine Wandelhalle als Wandlungshalle. »In diese alten Kirchen eintretend, ist es, als beträte ich meine Seele; wenn ich die Tür öffne erheben sich meine geheimsten Träume und kommen mir entgegen«, schreibt Auguste Rodin, der Wegbereiter der modernen Plastik, im Jahr 1908 in Anbetracht der poetischen Kraft der Kathedrale Notre-Dame de Chartres, »der Akropolis von Frankreich«.[1] Hier, in Torre Girona, der kleinen Schwester all der geschichtsträchtigen Domkirchen und Kathedralen, wird es vermutlich ganz ähnlich gewesen sein: Wie durch eine Blackbox hindurch werden die Gläubigen geschritten sein. Durch die eine

1 Auguste Rodin. Zitiert nach: Emil Lucka: »Michelangelo«. Berlin 1930. S. 273.

Tür werden sie herein- und durch eine andere wieder herausgegangen sein. Und allein im Wandeln wird Verwandlung gelegen haben – das Geheimnis jener Transformationsbewegung, die in der Erkundung des Außenraums immer auch eine Begehung des Innenraums vollzogen hat. Irgend etwas also wird hier geschehen sein. Irgendwo in diesem Zwischenraum. Damals, in der Zeit der Verortung, als wir noch behaust waren. Es ist, als hätte dieses Geheimnis tatsächlich in der dritten Dimension, irgendwo also in der räumlichen Tiefe und Weite gelegen. Unerklärlich. Mysteriös. Ganz so vielleicht, wie Franz Kafka einmal schrieb: »Es ist sehr gut denkbar, dass die Herrlichkeit des Lebens um jeden und immer in ihrer ganzen Fülle bereit liegt, aber verhängt, in der Tiefe, unsichtbar, sehr weit. Aber sie liegt dort, nicht feindselig, nicht widerwillig, nicht taub.« Wer also bis weit in diese Tiefe hineingeht, der rückt vielleicht tatsächlich vor bis in die Lebensherrlichkeit, und wer durch die Räume der kleinen spanischen Kirche hindurchläuft, der gelangt an jenen »tiefen Grund merkwürdiger Schönheit«, den selbst ein Physiker wie Werner Heisenberg hinter den nackten Oberflächen der Dinge sah. Innen ist außen. Außen innen. Die Gegensätze sind das Gleiche, wie es schon bei Heraklit heißt. Eine nomadische Gesellschaft indes vermag eine derart räumliche Polarität gar nicht zu erleben: Sie hat weder Innen, noch irgendein Außen. Sie hat keine Räume, keine Tiefen, keinen Grund. Und so springt nun auch für uns digitale Nomaden der mathematische Raum aus seinen Fugen.

Marcel Proust, der große Romancier der Melancholie, hat eine solch fundamentale Veränderung bereits vor über hundert Jahren auf uns zukommen sehen: »Stellen Sie sich für einen Moment vor, der Katholizismus wäre seit Jahrhunderten ausgestorben, die Tradition der Anbetung verloren«, schrieb er am 16. August 1906 in einem heute weitestgehend vergessenen Artikel für die französische Zeitung »Le Figaro«. Fast schon prophetisch betitelte er seinen kleinen Nachruf auf die christlichen Kirchen mit den Worten: »Tod der Kathedralen«.[2] Beigestellt hatte er ihm zudem eine Widmung: »Zum Gedenken an die ermordeten Kirchen«. Er hätte diesen Text also auch getrost Torre Girona widmen können oder all den anderen entweihten Kirchen der Welt. Denn in ihm berichtet der Schriftsteller über die unverständlich gewordenen Denkmäler einer abgetöteten Liturgie. So seien die gewaltigen architektonischen Gefäße durch den verlorenen katholischen Ritus sowie durch das ausgebliebene Opfer des Fleisches und Blutes im Laufe der Jahrhunderte bedeutungslos geworden. Erstarrt zu totem Stein. Verstorben, ungenutzt und unerklärlich. Was Proust, der Chronist der sentimentalen Rückwärtsgewandtheit, noch mit allen Mitteln zu verhindern

---

2 Marcel Proust: »La Mort des Cathédrales«. Erschienen in: »Éditions de la Nouvelle Revue Française«. Paris 1921. S. 198–209.

suchte – dass nämlich die damalige französische Regierung auf die Idee kommen könnte, die großen christlichen Baudenkmäler von Chartres, Tours, Sens, Bourges oder Toulouse nicht mehr mit Steuergeldern zu subventionieren, sondern sie »in alles zu verwandeln, was sie will: Museum, Konferenzraum, Casino« –, das ist gut 70 Jahre später in Barcelona Wirklichkeit geworden, wenn natürlich auch nur in weit kleinerem Maßstab. Torre Girona, das sind Gewölbe ohne Gebete, Chorräume ohne Liturgie. Kein »Agnus Dei«, kein »Gegrüßet seist Du Maria«. Nur Mumien aus Marmor und Flure aus Stein. Tote Räume für eine auf immer abgeschrittene Prozession. Der Bauch dieses steinernen Walfischs jedenfalls, dieses großen Transformationsgewölbes, er bleibt jetzt geschlossen: »Die Toten regieren nicht mehr die Lebenden. Und die Lebenden, Vergesslichen, hören auf, die Wünsche der Toten zu erfüllen«, so die letzten Worte in Prousts noch immer lesenswertem Nekrolog auf die alten Glaubensgehäuse des christlichen Ritus. Es ist ein Text, der mit jedem Wort einen Verlust betrauert. Abgetrennt von den Gottespassagen, diesen großen Durchläufen auf den tiefsten Seelengrund[3], bleibt dem Autor

3 Der Gedanke des Seelengrunds und somit der räumlichen Innenwelt taucht in dieser Formulierung vor allem bei Meister Eckhart auf; s. hierzu besonders: Michael Egerding: »Die Metaphorik der spätmittelalterlichen Mystik«, Bd. 2, Paderborn 1997. S. 283–289.

nichts als eine Erinnerung und die Erstarrung hinter dieser alles lähmenden Melancholie.

Doch noch schwingt zumindest in Torre Girona das alte Mysterium ein letztes Mal mit. So ist die Kirche nahe dem Park Jardins del Palau de Pedralbes zum Kristallisationspunkt zweier Welten geworden: Kultort für Golem und *Homo Deus* zugleich, für den Menschen aus Lehm und den in Wolken. Als stießen wir uns hier noch einmal, ein vermutlich allerletztes Mal, vom Boden einer heiligen Stätte ab, um dann erlöst und für immer im ätherischen *Cloud-Computing* zu landen. Eingeklemmt zwischen Erde und Äther sind hier, in der kleinen Kirche auf dem Campus der Polytechnischen Universität, beide Welten ein vielleicht letztes Mal ineinander verkeilt. Noch bemühen sich die alten Götter, noch wollen Prousts Tote Beachtung finden. Doch als wäre es schon ein Abschied für immer, leuchtet oberhalb der neu gemachten Eingangspforte und aufgetragen auf einer brüchigen Bleiverglasung eine letzte christliche Anbetungsszene. Ein Relikt aus einem fernen Ritus. Noch wachen über dem Chorraum ein paar zurückgelassene Evangelisten. In ihren längst nicht mehr verlesenen Schriften hüten sie das Credo einer bald schon auserzählten Epoche. Auf sie folgen wird eine Ära des Zählens. Nackt, abstrakt und ohne Handlung. Getragen sein wird sie von Diagrammen, Graphen und binären Zahlen. Die Mathematiker werden die Dichter beerben. Und die großen Erzähler werden fort sein.

Mögen hoch in den Fenstern von Torre Girona also noch die christlichen Bilder leuchten; unten im Kirchenschiff zucken längst kleinste Dioden. Als Lichter einer abstrakten Vernunft vertreiben sie sich gegenseitig die Angst vor dem Dunkel.

Und auch neue Propheten stehen bereit. In Scharen schon sammeln sie sich vor den entheiligten Gotteshäusern. Der bis dato vielleicht einflussreichste ist ein 1948 geborener Computer-Pionier und einstiger Entwickler beim Datenmonopolisten *Google*: Raymond Kurzweil, ein Seher, der der Schönheit der LEDs längst tiefe Bedeutung eingehaucht hat. Der Sohn eines österreichisch-amerikanischen Komponisten und einstige Student am Massachusetts Institute of Technology ist der vielleicht größte Visionär jener neuen Epoche, die Prousts Tote vermutlich mit Begriffen wie »Limbus« oder »Vorendzeit« belegen würden. Kurzweil selbst nennt sie die Ära der »spirituellen Maschine«. Glaubt man nämlich dem amerikanischen Computer-Propheten, dann liegt der eigentliche Umbruch immer noch vor uns. In zahlreichen Büchern und Interviews wird er von ihm auf das Jahr 2045 datiert. Was danach kommen wird, ist das, was unter Transhumanisten wie ihm die »technologische Singularität« genannt wird. Gemeint ist jener endgültige Bruch in der Zeit, in dem digitale Systeme wesentlich intelligenter geworden sein werden als Menschen. Der Bruch, durch den der *Homo digitalis* seinen Körper verlassen und als komplexer Datensatz in einer Cloud verschwunden sein wird. »Mind Transfer« nennen das Visionäre wie Kurzweil. Eine Art De-Inkarnation aus den vermeintlichen Fesseln des leiblichen Diesseits. Es ist der cartesianische Rationalismus, der sich in solchen Gedanken bis auf die oberste Spitze hinauftreibt: »Cogito ergo cogito«[4] – ich denke, also denke ich. Körper, Gefühle, Empfindungen – schon jetzt scheinen sie nur noch der Wurmfortsatz eines übermächtigen Gehirns zu sein; eines »Mega Minds«, das einst bereits von Futurologen wie H.G. Wells als »World Brain«[5] vorweggeträumt wurde und das besonders spitzfindige Geister längst auch in dem berühmten Fresko »Die Erschaffung Adams« unter der Decke der Sixtinischen Kapelle in Rom ausgemacht haben wollen. Dort nämlich, wo Michelangelo zwischen 1508 und 1512 den alten Schöpfergott mit seinen himmlischen Heerscharen erschaffen hat, wollen Neuromediziner mittlerweile die Umrisse des mitt-

---

4 Was sich im Transhumanismus als vollendete Rationalität zeigt, das scheint gegenwärtig durch eine Überbetonung von Emotionalität kompensiert zu werden. So ließe sich der Trend zu emotionsgeladenen und fast schon hysterisch zu nennenden Politikansätzen als Gegenreaktion auf die Überbetonung des Gehirns betrachten. Auch der Boom um die irrationale Esoterik kann in dieser Hinsicht gedeutet werden.

5 In seiner Essay-Sammlung »World Brain. Aufsätze und Ansprachen aus der Zeit von 1936 bis 1938« beschreibt Wells seine Vision des Weltgehirns: eine neue, freie, synthetische, maßgebliche, permanente Weltenzyklopädie, die den Bürgern dabei helfen könnte, universelle Informationsressourcen bestmöglich zu nutzen.

leren Sagittalquerschnitts eines menschlichen Gehirns erblickt haben. So zumindest schreibt es 1990 erstmals der amerikanische Mediziner Frank Lynn Meshberger in einer Ausgabe des »Journal of the American Medical Association«.[6] Das Paradies – im zerebrozentristischen Weltbild ist es ohnehin nur noch eine Cloud für das perfekte *mind upload*.

Für den Transhumanisten Ray Kurzweil jedenfalls, der bereits mit 15 sein erstes Computerprogramm geschrieben und später zahlreiche und noch heute relevante Tech-Innovationen entwickelt hat, wird diese vollkommene Vergeistigung wie ein Urknall, eine messianische Endzeit über uns kommen. Danach wird aus der haptischen alten eine virtuelle neue Welt entstanden sein. In jenen Tagen, die wie Diebe in der Nacht kommen werden, könne man, so der Programmierer, nicht nur jederzeit zu jemand anderem werden. Man hätte dann auch das so oft schon verheißene ewige Leben. »Man kann verschiedene Menschen und verschiedene Situationen sein, und mit der Zeit werden unsere biologischen Körper überflüssig«, so die wichtigste Botschaft im neuen Bund des von Cyber-Yuppies wie Transhumanisten verehrten Erlösers aus der kalifornischen Wüste.

---

6 Frank Lynn Meshberger: »An interpretation of Michelangelo's Creation of Adam based on Neuroanatomy«. Erschienen in: »Journal of the American Medical Association«. 10. Oktober 1990. S. 1837–1841.

»Body Swapping« nennt Kurzweil diesen nahtlosen Wechsel von einer Hülle in die nächste. Als wären unsere Körper nur Autos oder eine angemietete Ferienwohnung, jederzeit kündbar. Wenn also dieser »Big Bang 4.0« über uns kommt, dann werden selbst Computer-Pioniere wie Steve Jobs oder Bill Gates, ja sogar früheste Tech-Erfinder wie Konrad Zuse oder Edmund Callis Berkeley, der Vater des ersten Heimcomputers, lediglich Wegbereiter gewesen sein. Das Gestern, so Kurzweil, werde in der Rückschau »wie eine sehr primitive Zeit betrachtet«. Denn siehe: Das Alte ist vergangen; es ist alles neu geworden! Noch aber sehen wir dies nur von ferne. Und noch befinden wir uns auf dem Weg. In dieser Phase, so gesteht selbst Ray Kurzweil, bewegen wir uns als Menschen vorerst in einer körperlichen Welt. In einer Welt, in der wir uns dreidimensional organisieren. Im Moment, so seine größte Klage, formuliert in seinem Buch »The Singularity is Near«, seien Computerchips, obwohl sehr dicht, leider auch unendlich flach. Doch er lässt seine Hoffnung nicht fahren: »Technologischer Fortschritt wird auch diese zusätzliche Dimension erschließen und die rasante Steigerung der Rechenleistung in Gang halten.«

Zum jetzigen Zeitpunkt aber sind wir nach wie vor Hinübergehende, leibliche Wesen, die ganz in den Räumen des Diesseits verstrickt sind. Und momentan entgegnet selbst Kurzweil auf die noch immer beliebte Frage, ob denn dort draußen irgendwo

Gott existiere, mit den von Samuel Beckett entliehenen Worten: »Vermutlich noch nicht.«[7] Doch in Torre Girona beginnt dieser Gott allmählich Gestalt anzunehmen. Es wird ein neuer Gott sein, verehrt in einem neuen Glauben, alles Alte wird vergangen sein. Dies wird die letzte, die vermutlich umfangreichste Kränkung des Menschen sein, eine, die alle vorherigen Kränkungen in den Schatten stellen wird. Von denen hieß es einmal[8], sie hätten uns von Kopernikus über Darwin bis hin zu Freud nur schmerzlich zu Bewusstsein gebracht, dass wir nicht mehr die »Herren im eigenen Haus« sein dürften. Die vierte aber, die letzte Kränkung, wird so umfänglich sein, dass wir danach nicht einmal mehr ein Haus haben werden. Dass wir ortlos geworden sind, schutzlos. Verloren in einer Welt ohne Außen- und Innenseiten.

---

7 Mit diesem Satz wird der Gedanke eines erst noch kommenden Gottes erstmals in Samuel Becketts »Endspiel« beschrieben. Kurzweil nutzt dieselbe Formulierung vermutlich unwissentlich in einem Interview, das er für den Dokumentarfilm »Transcendent Man. The Life and Ideas of Ray Kurzweil« gegeben hat (USA 2011, Regie: Barry Ptolemy).

8 Der Gedanke von den drei großen Kränkungen des Menschen geht auf Sigmund Freud zurück. In seinem Artikel »Eine Schwierigkeit der Psychoanalyse«, der 1917 in der Zeitschrift »Imago« erschien, schreibt er von drei wissenschaftlichen Entdeckungen, die auf die Menschheit als narzisstische Kränkung gewirkt haben müssen: Laut Freud seien es die kosmologische Kränkung durch Kopernikus (die Erde dreht sich um die Sonne), die biologische Kränkung durch Darwin (der Mensch ist aus einer Tierreihe hervorgegangen) und die psychologische Kränkung durch ihn selbst (das Ich ist nicht Herr im eigenen Haus) gewesen.

II.

Die Zeit der Einkehr also wird vorübergehen. Mit dem »Dataismus« wird sich die bis dato bekannte Wirklichkeit grundlegend verändert haben. Diese neue globale Weltreligion nämlich wird, hat sie sich erst einmal vollkommen durchgesetzt, keine Räume mehr brauchen. Jegliche Tiefe wird ihr fremd sein – sowohl jene, die als Verwurzelung in die Erde hineinführt, als auch jene, die in die Weite hineinwill. Von dem alten Leib-Seele-Dualismus, der jetzt noch aus der Antike zu uns herüberreicht, wird dann allenfalls ein Hardware-Software-Gegensatz bleiben, und auch der wird sich schnell zugunsten einer frei schwebenden Rechnerwolke aufgelöst haben. Stellten die alten Inkulturationen, die Übergänge von einer Religion zur nächsten, nicht nur Gott-, sondern zugleich Haus-, ja sogar Landnahmen dar, so wird der Dataismus bald weder Haus noch Gehäuse, weder Raum noch Fläche haben. Anders als die großen Religionen zuvor kann dieser Glaube dann vielleicht noch Himmel erschaffen, dafür aber keine Erden mehr bauen. Aus dem alten Adam, dem frühen Menschen aus Lehm und Atem, wird ein engelgleiches »Mind Upload« geworden sein. Eine Informationseinheit, die in der Virtualität entschwunden sein wird.

Wie anders waren da noch die Übergänge von den ethnischen Vielgöttereien hin zu den monotheistischen Religionen. Da berichtet etwa Nathan

Wate, ein Bewohner eines winzigen, heute zu den Fidschi-Inseln gehörenden Südsee-Archipels, davon, dass die Missionierung seinen Vorfahren nicht nur den einst vertrauten Götterhimmel, sondern ebenso den eingelebten Naturraum verändert habe: »Dann kamen die christlichen Weißen«, so Wate in einem lesenswerten Bericht aus dem Jahr 1993.[9] »Von da an begann sich alles zu verändern. [...] Unsere Glaubensvorstellungen veränderten sich, unsere Bräuche wandelten sich, und seither ändert sich auch die Natur.« Jede Gottnahme eine Landnahme. Eine Tempelreinigung. Ein Bildersturz. Von Ares zu Mars, von Hera zu Juno. Unzählige Mythen und Legenden erzählen in diesem Sinne von der Auskernung alter Idole und von der Neueinwohnung geraubter Opferstätten: Da ist etwa die »Vita Sancti Bonifatii« mit der darin erhaltenen Legende einer heiligen Eiche. Nach dieser kurz nach dem Tod des Bonifatius aufgezeichneten Geschichte soll der einstige Bischof von Mainz vor gut 1.300 Jahren die sogenannte Donareiche bei Geismar im heutigen Nordhessen gefällt haben, um mit dieser martialischen Tat die germanischen Heiden zu bekehren. Den eben noch heiligen Baum nutzte

---

9 Nathan Wate. Zitiert nach: Herbert Paulzen: »Das Salzwasser-Volk«. In: Aktionsgruppe Indianer und Menschenrechte (Hg.): »Stimmen der Erde. Ureinwohner über Umwelt und Entwicklung«. Aus dem Englischen von Monika Seiller und Dionys Zink. München 1993. S. 104–105.

Bonifatius später, um aus dessen Holz eine Kirche zu bauen. Das Neue lebt, weil es sich ins Alte einlebte. Und so verstanden, kommt es wohl nicht von ungefähr, wenn noch Jahrhunderte später Johann Wolfgang von Goethe beim Besuch der Kathedrale von Straßburg an einen erhabenen Baum mit 1.000 Ästen denkt,[10] und der oben bereits zitierte Rodin in seinen Betrachtungen der Kathedrale Notre-Dame de Chartres schreibt, dass seiner Meinung nach »der Baum und sein Astwerk« Material und Modell des Hauses gewesen seien: »Eine Vielheit von Bäumen mit ihrer Ordnung, mit verschiedenartigen Gruppierungen, Teilungen und Richtungen, das ist die Kirche.«[11] So blieben bei allen Konversionen, bei allen Umformungen und Metamorphosen am Ende immer noch die sakralen Räume, zwar oft umgestaltet und verändert, dafür aber weiterhin befähigt zu ihrer wohl unmittelbarsten Funktion: Uterus zu sein für den göttlichen Funken. Die Götter gingen, die Himmel stürzten; der Fuß des Menschen aber fand weiterhin Grund. Doch die Zeit der Gründe könnte bald vorbei sein. Denn wo wird man stehen, wenn kein Ort mehr da ist? Und wo wird man hingehen in einer Welt ohne Weite?

---

10 Johann Wolfgang von Goethe: »Von deutscher Baukunst«. In: Johann Gottfried Herder: »Von deutscher Art und Kunst. Einige fliegende Blätter«. Stuttgart 2014.

11 Auguste Rodin. Zitiert nach: Emil Lucka: »Michelangelo«. Berlin 1930. S. 273.

Was bleibt dann übrig für die alten Körper und für die Seelen, die doch stets bis tief in die Vorzeit wollten, hinab in die Grotten und in die kultischen Höhlen? Der »Dataismus«, soviel scheint sicher, hat auf derlei Fragen keine Antwort. Dabei gehört die Frage danach, wo der Mensch mit seinem grundsätzlichen »In-der-Welt-Sein« auch zukünftig noch verortet sein wird, ganz sicher zu den zentralsten Herausforderungen der Gegenwart. Denn bei dieser Frage geht es um alles: Wo zum Teufel werden wir leben? In einer ortlosen Sphäre, irgendwo gestrandet im Nirgendwo? Hinter uns eine riesige Wüste, vor uns das digitale Nirwana? Werden wir ausgeklinkt sein aus allen Bezügen, obdachlos hinter Datenbrillen und schambehaftet vor Flachbildschirmen? Der *Homo digitalis*: nur ein weiteres technisches Update jener totalen Vereinsamung, die Friedrich Nietzsche bereits gemeint haben muss, als er die Abgrundtiefe unseres Daseins in bis heute ergreifende Zeilen[12] fasste:

Die Krähen schrein
Und ziehen schwirren Flugs zur Stadt:
Bald wird es schnein. –
Wohl dem, der jetzt noch Heimat hat!
[…]

---

12 Friedrich Nietzsche: »Vereinsamt«. Erschienen in: Friedrich Nietzsche: »Sämtliche Gedichte«. Stuttgart 2019.

Die Welt – ein Tor
Zu tausend Wüsten stumm und kalt!
Wer das verlor'
Was du verlorst' macht nirgends Halt.

Sind wir also längst in einer solchen Halt- und Bodenlosigkeit gestrandet, und wird zu all unseren Wüsten nur eine weitere, eine computergenerierte hinzukommen? Oder wird unser digitalisiertes Dasein auch weiterhin Bezüge haben? Es ist dies schon heute weit mehr als nur eine Frage nach dem richtigen Standpunkt – nach Moral, Blickwinkel oder Perspektive. Es geht nicht um Haltung, es geht um Fundierung. Wo also wird unser Platz sein – nicht mehr nur im weit ausgedehnten mathematischen Raum, dem Behälter der Dinge? Wo werden wir wirklich und geborgen zu Hause sein, wo zentriert mitten in diesem Universum ohne Umrandung und ohne Mitte? In dieser Schwärze, in die wir schon jetzt hineinkonstelliert sind – so wie all die 70 Trilliarden Sterne wohl auch. Und dann eben diese menschengemachte zweite Schöpfung, der kybernetische Weltraum mit seinen 33.000 Exabytes Daten – ein Sternenmeer, das, würde ein einziger Lichtpunkt auch nur 1 Terabyte (1.000.000 Megabyte) umfassen, noch einmal viereinhalbmal so groß wie unsere Milchstraße wäre.

Wie man es also dreht und wendet: Es geht an dieser Stelle wirklich ums Ganze. Es geht um das Eingefasstsein des vitruvianischen Menschen inmitten von Space und Cyberspace. »Die Krise des modernen Menschen«, so schrieb schon Peter Sloterdijk im Jahr 1998 und allein mit Blick auf die alte und damals meistenteils noch analoge Welt,[13] sei vornehmlich eine Raumkrise. Geschlagen von »Raumblindheit« wisse der Mensch kaum noch, wo genau er sich in der kosmologischen Ordnung eigentlich befinde. Nein, schlimmer: Er wisse nicht einmal, ob es diese Ordnung überhaupt gibt. Ist er, oder hat er sich gar selbst längst ausgemeindet? Ein verlorenes Teilchen irgendwo in der unendlichen Weite, die er Weltall nennt? Oder ist er hingestellt, genau dort, wo er sich gerade befindet – sinnvoll, in seinem Dasein, ja in seinem unmittelbaren Hier-und-Jetzt-Sein? Chaos oder Kosmos? Es ist dies also schon ohne die digitale Entortung die Frage um alles oder nichts.

Vielen reichte doch von jeher schon eine Ahnung davon. »Und dann eines Tages alt sein und doch lange nicht alles verstehen, nein, aber anfangen, aber lieben, aber ahnen, aber zusammenhängen mit Fernem und Unsagbarem bis in die Sterne hinein«, heißt es einmal bei Rilke.[14] Es scheint, als ob auch der Dichter nicht genau gewusst hätte, welche Bahnen er zieht und wo sich sein Wirkkreis exakt befindet. Auch er kannte nicht den genauen Ort seines

---

13 Peter Sloterdijk: »Sphären«, Band 1. »Blasen«. Frankfurt a. M. 1998.

14 Rainer Maria Rilke an Arthur Holitscher, 13. Dez. 1905.

In-der-Welt-Seins. Nicht dieses vermessene »Sie-befinden-sich-hier«, mit dem uns Online-Dienste wie *Google Street View* mittlerweile eine auf GPS-Daten basierende Heimat anbieten. Was Rilke aber sicher noch wusste: dass er in seinem gesamten Dasein in einem Zusammenhang stand – selbst noch mit dem Geheimnisvollsten und Fernsten. Ein gewichtiges Teilchen in einer alles umfassenden Ordnung. Das ist weit mehr als irgendein Datenpunkt in einem sich unentwegt wandelnden Cluster-System.

Man kann die Frage nach der Verortung also tatsächlich kosmologisch betrachten. Man kann sie aber zunächst auch wortwörtlich vom Himmel herabholen – nicht um sie auf dem harten Boden der Tatsachen endlich und für immer kleinzukriegen, sondern um sie vom Grund auf erneut in die Sterne zu schießen. Hier, mit beiden Beinen auf festem Grund, wird die Daseinsfrage nämlich zunächst einmal plastisch. Eine reine Erfahrung des physischen Leibes – eines sehr konkreten Organismus also in einer sehr konkreten Welt und Mitwelt. Und dieser Leib aus Fleisch und Blut, aus Emotionen, Bedürfnissen, Empfindungen, aus Krankheiten und Leiden, aus Anschauungen und Antrieben ist niemals nur für sich allein. Immer und von allem Anfang an steht er in einem unmittelbaren Verhältnis zu anderen Körpern und zu all den anderen Lebensformen um ihn herum. Er ist somit nie zu denken ohne den ihn umgebenden Umraum. Von diesem kann er niemals real oder auch nur gedanklich abgelöst werden. Mit allen Sinnen steht er in der Welt. Taktil, aber auch visuell, gustatorisch wie akustisch. Vom ersten Tag an sind es Berührungen sowie optische und sinnliche Reize, die uns in die großen Zusammenhänge des Lebens einflechten. Ohne sie – unzählige historische Erfahrungen sowie Dutzende entwicklungspsychologische Experimente haben es auf oft traurige Weise veranschaulicht – wären wir haltlos und wohl auf immer verloren.

Und diese unmittelbaren Zusammenhänge, sie haben nicht On- oder Off-Modul. Anders als in der Virtualität nämlich kennt das In-der-Welt-Sein kein Display in einer Datenbrille, kein Stand-by in einem Videocall. Niemals kann man sich von hier zu- oder abschalten. Nicht einmal für einen Sekundenbruchteil. Kein Reset-Button, kein Handcontrolling. Leben, das ist radikales Dasein – immer und zu jedem Zeitpunkt. Jegliche Flucht von hier: unmöglich! Anders als in der Simulation ist der reale Raum in jedem Moment eben die Grundvoraussetzung für die Entfaltung des Lebens überhaupt. Der cartesianische Dualismus, nach dem das Denken (*res cogitans*) losgelöst sein könne vom Körper (*res extensa*), eine Art frühmodernes *mind upload*, ausgeheckt in der Leidener Philosophenstube des René Descartes, mag sich zwar bis in den zeitgemäßen »Dataismus« hinübergerettet haben, entspricht aber bei genauer Betrachtung nicht den Tatsachen. So realisieren mittlerweile selbst KI-Entwickler, dass menschliches Denken nicht ohne Ausdehnung und somit nicht ohne Körper zu haben sein dürfte.[15] Unser Geist ist eben mehr als das unverortbare Programm unseres Gehirns. Er ist eine »überlebendienliche Fähigkeit konkreter Organismen in einer konkreten Umwelt«. So zumindest sagen es mittlerweile die Vertreter der sogenannten Embodied Cognition – und widerlegen damit all die schönen Hypothesen und Gedankenspiele, wie sie sich lange Zeit unter Neurowissenschaftlern und Transhumanisten halten konnten. Michael Saunders Gazzaniga etwa, bis 2006 Direktor am Center for Cognitive Neuroscience des US-amerikanischen Dartmouth Colleges, hat den bis heute grassierenden Irrglauben von einer Intelligenz ohne Körper und losgelöst von räumlicher Ausdehnung in ein noch immer populäres Gedankenexperiment gefasst: Würde man das Gehirn einer Person A in den Körper einer Person B einpflanzen, dann, so Gazzaniga, bekäme nicht B ein neues Gehirn, sondern A einen neuen Körper. Laut Gazzaniga mache diese von ihm als Tatsache proklamierte Überlegung unmissverständlich klar, dass der Mensch im letzten eben nur sein Gehirn sei. Alles andere am Menschen ist in dieser cerebro-zentristischen Lesart des Lebens nicht mehr als ein unnützes Beiwerk.

---

15 S. etwa Manuela Lenzen: »Der elektronische Spiegel. Menschliches Denken und künstliche Intelligenz«. München 2023. S. 117 ff.

III.

Wie anders ist da jenes uralte Wissen, das sich bis tief in die Sprache eingeschrieben hat: Schon im Sanskrit etwa gibt es für die gegenseitige Bezogenheit von Leib, Umwelt und Bewusstsein ein eigenes Wort: »Virat«. Es bezeichnet das Universum bis in den hintersten Winkel, meint aber auch unseren weit ausgedehnten menschlichen Körper. Wir sind also nicht und ausschließlich, weil wir denken, sondern weil wir inwendig und mit allen Sinnen in der Welt sind. Mithin: Dasein ist räumlich. Das wusste auch Martin Heidegger[16], für den die Existenz immer an Entfernung und Ausdehnung gebunden war. Und ganz ähnlich sehen es auch heutige Philosophen wie Gunter Gebauer und Christoph Wulf. Weltbezug, so heißt es bei ihnen, stelle sich zuerst und vor allem über den Körper her. Ja mehr: Der Mensch bewege sich nicht nur in einem irgendwie räumlichen Zusammenhang, er kreiere diesen sogar durch eben diese Bewegung immerzu selbst. Als wäre da eine merkwürdige Korrelation zwischen der eigenen Handlung und dem Ort, an dem sich diese Handlung vollzieht. Ein choros-somatisches, ein raum-leibliches Beziehungsgeflecht. Auch dieses ist in der Sprache präsent: So gibt es im deutschen Wort »räumen« eine uralte etymologische Beziehung zwischen Areal und Aktion. Das Wörter-

16 Martin Heidegger: »Sein und Zeit«. Berlin 2006.

buch der Gebrüder Grimm weist etwa darauf hin, dass die ursprüngliche Bedeutung des Wortes »räumen« nichts anderes meint, als »einen Raum, d.h. eine Lichtung im Walde schaffen, behufs Urbarmachung oder Ansiedlung«. Auch in dieser Denkweise sind Körper und Raum also nicht getrennt. Nie ist der Raum aus sich selbst schon vorhanden. Immer erst muss er geräumt und abgeräumt werden. Immer bedarf er der tatkräftigen Unterstützung durch den eigenen Körper.

Und wie im Außen, so im Innen. Denn auch der innere Raum ist nicht von sich aus bereits gegeben; auch er muss mit dem Körper errungen werden. Nimmt man etwa die liturgischen Handlungsanweisungen nahezu aller Religionen beim Wort, so erfolgt auch die Räumung der Innenwelt letztlich über äußere Gesten. Fast so, als wären beide Bereiche in sich identisch. »Nirgends, Geliebte, wird Welt sein, als innen«, schreibt in diesem Sinne der oben bereits zitierte Rilke in seiner siebten Duineser Elegie. »Unser Leben geht hin mit Verwandlung. Und immer geringer schwindet das Außen.«[17] Als wäre der Himmel tatsächlich inwendig in uns. Und von Novalis, dem frühromantischen Dichter und Naturwissenschaftler, ist der berühmte Satz aus seinen »Blüthenstaub«-Aphorismen[18] überliefert, die

---

17 Ebd.

18 Novalis: »Die Christenheit oder Europa und andere philosophische Schriften«. Köln 1996.

er 1798 in der Zeitschrift »Athenaeum« veröffentlichte. Demnach ist die Ewigkeit mit all ihren Welten in uns und sonst nirgends: »Wir träumen von Reisen durch das Weltall: ist denn das Weltall nicht in uns? Die Tiefen unseres Geistes kennen wir nicht. Nach Innen geht der geheimnisvolle Weg.« Es ist dies indes ein Innen, und das ist das Paradoxe, das über das Außen eingewohnt wird. »Wir werden zu sinnvoll handelnden sozialen Wesen, wenn wir die Ordnung der Welt in unser regelhaftes Verhalten aufnehmen und sie auf unsere Weise noch einmal machen«, so Gebauer und Wulf. »Als symbolisch gemachte wird diese Welt unabhängig und existiert als [...] ästhetischer Schein und als Fiktion.«

Und wo wüsste man um diese mysteriöse Beziehung besser Bescheid als in einer Kirche – in einem Tempel, einer Krypta, einem Katakombengang. Vielleicht auch nur in einer heiligen und mit geheimnisvollen Zeichen ausgeschmückten Höhle; in all den Urräumen, geschaffen für identitätsstiftende Inszenierungen. An den Orten, an denen sich innen und außen wechselseitig und wie magisch kreieren, überschneiden, verschieben, verschließen und dann wieder öffnen. Das Innensein des Menschen wird hier sensuell über das Außen erfahren. Und der magische Hohlraum inmitten der Welt führt zurück bis in die heilige Höhle inmitten von uns – in den »Tempel des Leibes«[19], wie es in den alten bibli-

19 Johannes 2,21.

schen Texten bereits heißt. Es sind dies sinnliche Topographien. Landnahmen, die wir mit Füßen, Händen, Ohren, Augen vollziehen – kurz: die erst mit allen Sinnen von Leib und Körper zu einem wirklichen Abschluss kommen können. Der performative Ritus der alten Religionen, er vollzieht sich daher nicht primär im Sitzen, er geschieht im Stehen, im Gehen, im Knien, ja notfalls sogar im 40-jährigen Irren durch Wüsten. Der Schriftsteller Martin Mosebach hat dieses inwendige Tätigsein treffend beschrieben, als er über seine frühen Gottesdiensterfahrungen als Kind einmal bemerkt[20], dass es ihm schon damals nicht um die Worte oder die Gesänge des Priesters gegangen sei: Was er sprach, so Mosebach, sei an ihm abgeglitten. »Wichtig war der Eindruck, dass er etwas tat. Dies Stehen und Armeausbreiten und Kreuzemachen war ein Tun. Der Priester arbeitete dort vorn.« Und an anderer Stelle heißt es: »Das stille Wandeln des Priesters vor dem Altar, die Verneigungen, Kniebeugen und das Ausbreiten der Hände fügte sich in ein altes Bild, das ich, ohne es zu wissen, längst in mir trug.«

Vielleicht also ist diese Dichotomie aus Wandeln und Wandlung das eigentliche Mysterium hinter den großen liturgischen Dramen und der einzige Grund, warum wir sie immer und immer wieder neu zur Aufführung bringen. Und das seit über

---

20 Martin Mosebach: »Häresie der Formlosigkeit. Die römische Liturgie und ihr Feind«. München 2007.

2.000 Jahren: Es geht um das sinnliche Wechselspiel in der Rezeption und Konstruktion von Räumen. So verstanden, geht es um nicht weniger als um die Verortung unserer grundlegenden Seinserfahrung, dieses existentiellen In-der-Welt-Seins als eigentlich Fremder und Verlorener. Als Mensch, der sich im Ritual des Wandelns erst eine innere Behausung, eine seelische Heimat erschafft.

Dem *Homo digitalis* aber, ihm bleibt von all dem nur ein Phantomschmerz. In seiner Welt ohne Körper fehlen ihm die Arme, und es fehlen die Beine. Seine Welt ohne Raum ist eine Welt ohne Wandel. In dem, was einige längst den »spatial turn«[21], die räumliche Wende und somit die Entwendung des Lebens selbst nennen, sind Körper und Umwelt für immer getrennt. Nichts also geht mehr. Nichts bewegt sich. Nichts ist auf irgendeine Weise wandelbar. Der performative Ritus der alten Religionen ist in der ermordeten Kathedrale an sein Ende gekommen.

---

21 Der Begriff »spatial turn« wurde 1989 durch den US-amerikanischen Geographen Edward Soja populär gemacht. Mit der geographischen Wende wird in den Kultur- und Sozialwissenschaften eine Fokussierung des Raumes verstanden. Immer wieder taucht der Begriff aber auch im Zusammenhang mit der digitalen Entraumlichung des Daseins auf.

Der Tod der Bibliotheken

I.

Und wieder ein Meer. Und wieder Barcelona. Es ist das Jahr 2007. Das Jahr, in dem sich die ehrwürdige Biblioteca de Catalunya, die sich seit fast einhundert Jahren in den ehemaligen Räumen des mittelalterlichen Hospital de la Santa Creu nahe der gotischen Bischofskathedrale befindet, allmählich verflüssigt. »Project Ocean« nennt sich die dahinterstehende Kampagne. Mit ihrer Hilfe sollen zunächst 35.000 Bibliotheksbestände – darunter die »Katalanische Chronik« von Ramon Muntaner und der »Don Juan de Serralonga« aus der Feder von Victor Balaguer –, später sogar weitere 70.000 Bücher aus den Regalen in den ehemaligen Krankensälen, den Gewölben und Kammern herausgeholt werden, um ihre gefalzten Buchrücken, ihre ledernen oder textilen Einbände, ihre Seiten, Sätze und Buchstaben aus ihrer angestammten Struktur zu reißen.

Seit der Bibliothek von Alexandria schon gibt es diese Form der Katalogisierung des Wissens. Allein 120 Schriftrollen soll es einst in dieser im dritten Jahrhundert vor Christus von Ptolemaios I. gegründeten und bis heute sagenhaften Bibliothek gegeben haben, welche Ordnung in das Chaos bringen sollten. Schriftrollen, mit denen man den Gesamtinhalt von geschätzt 400.000 bis 500.000 Beständen katalogisieren und auffindbar machen konnte. Jeder Autor wurde alphabetisch erfasst und hernach in eine von zehn Kategorien eingeordnet: von Epik bis Mathematik, von Lyrik bis Medizin. Sogar die Rubrik »Vermischtes« hat es damals in Alexandria bereits gegeben. Diese Bibliothek war somit nicht nur einer der ersten großen Versuche, das Wissen der Welt an einem einzigen Ort zusammenzuführen; sie dokumentierte auch die seither immer wieder verfolgte Idee, dem Weltgehirn eine Struktur zu verpassen. Und diese Struktur verstand sich von Anfang an sowohl als geistig wie auch räumlich: Während die Buchstaben des Alphabets die Autoren in die jeweiligen Themenblöcke einsortierten, hatte man die Schriftrollen selbst in Regalen systematisiert. Über deren genauen räumlichen Aufbau wird bis heute gerätselt. Letztlich wird er wohl für immer im Dunkeln bleiben, so wie auch der Untergang der Bibliothek von Alexandria noch immer nicht abschließend geklärt werden konnte.

Die räumliche Darstellung des geistigen Wissens aber, sie hat in dieser für die Antike so bedeutsamen Handelsmetropole am westlichen Nildelta ihren Ausgang genommen. Selbst in der spanischen Biblioteca de Catalunya ist man noch immer von dieser Idee getrieben. Eine Million Bücher sollen in dieser für das Erbe der katalanischen Kultur so wichtigen Bibliothek mittlerweile lagern, darunter auch die Bibliothek von Benedikt XIII. sowie die Cervantina, eine der wichtigsten Fachbibliotheken zum Werk des Nationaldichters Miguel de Cervantes. Es gibt hier zudem mehr als 3.000 Manuskripte und gut 12.000 Partituren – und das alles eingefasst in eine einzigartige, weiträumige Architektur des Wissens: Die »Elegie der Nacht« von »Castillo, Michel del« etwa steht in den zumeist sechsfächrigen dunklen Holzregalen fein säuberlich neben den Märchenbüchern von Castillos Schriftstellerkollegin »Caso, Angeles«. Nichts ist hier einfach nur Zufall. Ein Buch lehnt sich an das andere an. Und wer zu Federico Garcia Lorcas »Bluthochzeit« gelangen will, der muss zuvor an den politischen Essays seines Namensvetters Augustin Garcia Calvos vorbei, um dann vielleicht einen Abstecher bis zu Garcia Morales oder Garcia Parvon zu wagen. Rücken steht hier an Rücken, Buchstabe folgt auf Buchstabe. Auf »GARC« folgt »GARR«, auf »MAN« kommt »MAR« – so wie in »Marias, Javier« oder »Marsé, Juan«. Und um zu dem einen Wissensgebiet zu gelangen, muss man zahlreiche andere passieren. Alles ist eingefasst in einen vorgegebenen Aufbau. Die Gutenberg-Galaxis[1], sie ist ein

1 Der Begriff geht auf ein gleichnamiges Buch des kanadischen Philosophen und Medientheoretikers Marshall McLuhan zurück. In diesem behauptet er u. a. auch, dass die Ära des Buchdrucks den Menschen in den Raum geführt habe und somit als Ära der Explosion verstanden werden könne. Das elektronische Zeitalter sei hingegen eine Ära der Implosion, da es zu einer Verflachung eben dieses Raums geführt habe. S. Marshall McLuhan: »Die Gutenberg-Galaxis. Das Ende des Buchzeitalters«. Bonn 1995.

alphabetisches Universum. Als könnten die einzelnen Lettern ganze Regale, ja gewaltige Leseräume auf ihren Rücken tragen. Das aber derart grazil und gekonnt, dass über mehr als 2.000 Jahre hinweg niemand je auf die Idee gekommen wäre, dieses Wissensuniversum abzutragen. Hatte nicht schließlich schon Cicero in seinem Ratgeber »De oratore« den nützlichen Hinweis gegeben, man möge um der besseren Erinnerungsleistung wegen zunächst Orte und Dinge festhalten, um mittels dieser dann auch Worte und Gedanken memorieren zu können?[2] Warum also dann nicht Bücher festhalten? Warum nicht Regale, Seiten, Buchstaben, kurz: die feste Ordnung eines nahezu weltumspannenden Diskurses, den man in einer gut sortierten Bibliothek wortwörtlich mit den Füßen ablaufen könnte? Wissen, das ist an solchen Orten ein geradezu sinnenhaftes Erleben. Und während man noch an den Galerien und Schränken vorbeiläuft, bildet man diese in sei-

---

2 Diese Erinnerungstechnik wird auch als Loci-Technik bezeichnet. Cicero gibt in »De oratore« den praktischen Hinweis, dass man sich eine Rede dadurch am besten merken könne, indem man in Gedanken ein Forum ablaufe und einzelne Gedanken mit einzelnen Gegenständen auf dem Weg verbinde: »So würde die Ordnung der Plätze die Ordnung der Sachen bewahren; die Sachen selbst aber würden durch Bilder bezeichnet, und so könnten wir uns der Plätze statt der Wachstafeln und der Bilder statt der Buchstaben bedienen.« Cicero: »De Oratore«. 2. Buch, S. 354.

nen Gedanken nach, verfestigt das, was auch auf den Brettern schwer und fest steht.

Denn wer erinnerte sich nicht an die gewichtigen Werkausgaben von Thomas Mann oder Lew Tolstoi, damals in den endlosen Regalreihen der frühen Kindheitsbibliotheken. Hier, wo man das Begreifen und Staunen, vor allem aber die vollendete Zukunft am Spalier der oftmals abgewetzten Buchrücken erlernen konnte: »Ich werde gelesen haben.« Und: »Ich werde erwachsen sein.« Alles war hier sinnlich begreifbar. Das Gehirn der Menschheit: eine Plastik aus Korridoren voller Bücher. Ganz so, wie es Jorge Luis Borges in seiner undurchschaubaren »Bibliothek von Babel« beschrieben hat, nur eben wesentlich kleiner und – aus Kinderperspektive gesehen – dennoch gigantisch: ein Raum, der geradezu unendlich erschien, groß wie das Weltall. Ja, möglicherweise war er sogar dieses Weltall selbst, dieses Labyrinth aus Räumen und Gängen, aus Regalen und Schränken. Alles hatte hier eine feste Form und eine von allwissenden Mächten längst vorherbestimmte Position: »Das Universum, das andere die Bibliothek nennen, setzt sich aus einer undefinierbaren, womöglich unendlichen Zahl sechseckiger Galerien zusammen«, heißt es bei Borges. »Von jedem Sechseck aus kann man die unteren und oberen Stockwerke sehen: grenzenlos. Die Anordnung der Galerien ist unwandelbar dieselbe. Zwanzig Bücherregale [...]. Auf jede Wand jedes Sechsecks kommen fünf Regale, jedes Regal fasst zweiunddreißig Bücher gleichen Formats. Jedes Buch besteht aus vierhundertzehn Seiten, jede Seite aus vierzig Zeilen.«[3]

Und später dann die Universitätsbibliotheken: Wie Bildungskreuzgänge zogen sich diese vom studentischen Dormitorium bis hinüber in die Hörsäle und Seminare. Wissen, das war eine räumliche Angelegenheit. Jede Bibliothek hatte da ihre eigene Landkarte, jedes Buch seine eigene Umwelt. Ob sich Heiner Müllers Lyrik wohl damals wirklich wohlgefühlt hat neben der schmalbändigen Sekundärliteratur zum »Balladenbuch« von Börries von Münchhausen? »Was richtet ein Satz aus gegen die Strohköpfe«,[4] hatte Müller einmal geschrieben. Er hatte es zu Lebzeiten nicht wissen können. Aber hier war dieser Satz ein Gegengewicht in der Statik der Welt. Rücken an Rücken. Satz gegen Satz.

Und von wie vielen Büchern wusste man nicht einmal, dass es sie gab. Die Hauptfunktion einer Bibliothek, so hat es Umberto Eco treffend geschrieben, bestehe ja gar nicht mal darin, in ihr ein bestimmtes Buch zu besorgen: »Die Hauptfunktion einer Bibliothek [...] ist die Möglichkeit zur Entdeckung von Büchern, deren Existenz wir gar nicht

---

3 Jorge Luis Borges: »Die Bibliothek von Babel«. Stuttgart 1970. S. 53f.

4 Die Zeile stammt aus Heiner Müllers Gedicht »Der Terror von dem ich schreibe kommt aus Deutschland«. Erschienen in Heiner Müller: »Die Gedichte«. Werke 1–12. Berlin 2008.

vermutet hatten, aber die sich als überaus wichtig für uns erweisen.«[5] Nichts sei daher aufschlussreicher und spannender, so Eco, als eigenhändig die Regale zu durchstöbern und neben dem Buch, dessentwegen man eigentlich gekommen war, ein anderes Buch zu finden, das man gar nicht gesucht hatte. Wie oft hat man das selbst so erlebt. Und wie oft hat einen allein schon die Ordnung der Dinge glücklich gemacht. Sie war wie der nächtliche Blick auf den Großen Wagen, von dem aus, hat man ihn erst fest im Visier, die gesamte Milchstraße entdeckt werden kann.

II.

Dann also kam die Verflüssigung: »Project Ocean«. Als hätte man Borges' Gesamtwerk durch eine Saftpresse gejagt. Alle zwölf Bände, die Essays und die Gedichte, die Erzählungen und die Anthologien, und mit ihnen natürlich auch die gesamte Bibliothek von Babel, dieses Phantasiemodell der Bibliothek schlechthin, mit den sechseckigen Galerien, den dreißig Bücherregalen in jedem Raum, den 32 Büchern, den 410 Seiten, den vierzig Zeilen mit je achtzig Buchstaben von schwarzer Farbe. Alles wurde liquidiert. Was unter vorangegangenen Ideo-

---

5 Umberto Eco. In: Candida Höfer: »Bibliotheken. Mit einem Essay von Umberto Eco«. München 2019. S. 9.

logien zu Asche ward, das sollte nun verflüssigt werden. Denn »Project Ocean« würde selbst noch die alten Lesesäle bis in die hintersten Ecken und Ritzen durchspülen. Ausgedacht hatte es sich 2002 der *Google*-Gründer Larry Page zusammen mit seiner damalige Konzern-Vize Marissa Mayer. Zurückgezogen in ihre Festung im kalifornischen Mountain View, wollten sie wissen, wie lange es dauern würde, um ein einziges Buch mit 300 Seiten einzuscannen und auf einen digitalen Datenträger hochzuladen. Das schnelle Ergebnis: 40 Minuten. Von dieser Zahl ausgehend, wollten sie weitermachen: Wie lange, so Pages nächste Frage, würde es dann dauern, bis man einhundert Millionen Bücher eingescannt hätte? Wie viele Menschen würden dafür benötigt? Und wieviel Geld würde es kosten? Eine Nachfrage an der Universität Michigan, zu jener Zeit führend in der Digitalisierung von Bibliotheksbeständen, erbrachte ein frustrierendes Ergebnis: Sagenhafte tausend Jahre, so hieß es von Pages einstiger Alma Mater, würde man vermutlich brauchen, um aus sämtlichen sieben Millionen Bänden der University of Michigan Library einen digitalen Datensatz zu erstellen, der alle Informationen in sich vereinigen könne.

Doch irgendwie muss diese ernüchternde Auskunft Pages Ehrgeiz geweckt haben. Denn das war die Geburtsstunde von *Google Books*, der für viele Menschen noch heute faszinierenden Idee, die raumgreifenden Bibliotheken der Welt auf einen flachen Datenspeicher einzudampfen. Viele hatten diesen Traum zuvor schon geträumt; am 4. Juli 1971 der US-amerikanische Schriftsteller Michael Stern Hart. An diesem Nationalfeiertag vor gut 50 Jahren begann der damit, die amerikanische Unabhängigkeitserklärung in einen großen Computer im Rechenzentrum der Universität von Illinois einzutippen – 8.000 Zeichen, die Hart anschließend auf ein Magnetband speicherte. Diese Daten sollte fortan jeder, der an ihnen Interesse hatte, auf seinen eigenen Rechner hochladen können – ohne Barrieren und kostenlos. Dieser 4. Juli 1971 markierte den Startschuss für das »Project Gutenberg«, die erste digitale Bibliothek der Welt. Doch in ihr waren gerade einmal 10.000 Bücher erfasst, als Page 2004, zwei Jahre nachdem er sich erstmals mit den Möglichkeiten von *Google Books* auseinandergesetzt hatte, sein fast schon wahnwitzig zu nennendes Ozean-Projekt der Öffentlichkeit vorstellte.

Tag für Tag trafen daraufhin schwere Sattelschlepper, gefüllt mit Tonnen von Büchern, vor den schnell eingerichteten *Google*-Scanzentren ein. Die Bestände zahlreicher Bibliotheken wurden abgeladen und anschließend an hell erleuchtete Kopierstationen verfrachtet. Hier transformierte man sie mit Hilfe von teurer Optik in virtuelle Datensätze: große Teile der Universitätsbibliotheken von Harvard und Stanford, aber auch der weltberühmten Bodleian Library an der Universität Oxford. 2007 schließlich kamen auch die Bestände der Biblioteca de

Catalunya hinzu, des großen Wissensschatzes von Barcelona. Für sechs Millionen Euro wurde der zunächst in seine einzelnen Bestandteile zerlegt und anschließend mit einer Geschwindigkeit von 1.000 Seiten pro Stunde digitalisiert. Zu diesem Zeitpunkt hatte *Google* bereits zehn Millionen Bücher aus mehr als 30 Bibliotheken auf der ganzen Welt zusammengetragen. Heute sollen es sogar mehr als 40 Millionen Titel in 400 Sprachen sein; das wäre gut ein Drittel der von *Google* auf exakt 129.864.880 Millionen geschätzten weltweit erhältlichen Einzeltitel.

Es war dies also nicht weniger als die Neuordnung der Gutenberg-Galaxis, ja vermutlich sogar deren Ende. Die riesigen Räume, die Regale, Seiten, Sätze, Worte, Buchstaben: Alles wurde in den Scanzentren von *Google* abgetragen und auseinandergerissen, verlor seine Struktur, seine Tiefe und Weite. In Windeseile zog sich ein Weltall zusammen, so als wäre es in ein Schwarzes Loch gestürzt, über dessen Ereignishorizont es schon bald nicht mehr herausfinden würde. Larry Page indes nennt dieses Zerplatzen einer jahrtausendealten Wissensordnung noch heute lieber seinen ersten »Moonshot«. Die Idee, das in den Büchern gespeicherte Wissen der Welt zu digitalisieren und zumindest für die Dauer einer *Google*-Volltextsuche weltweit für alle verfügbar zu machen, stellt für ihn nach wie vor eine Revolution dar. Auch wenn der Konzern, den Page 2019 verließ, nach und nach das Interesse an dessen Projekt verlor und Urheberrechtsstreitigkeiten dazu führten, dass die meisten Inhalte, die *Google* in den zurückliegenden 18 Jahren digitalisiert hat, wohl niemals das Licht der Öffentlichkeit erblicken werden, so bleibt »Project Ocean« das zentrale Sinnbild für die Verflüssigung unserer Gedächtnisräume. Aus 40 Millionen Büchern sind in nur wenigen Jahren gut 60 Petabyte Daten zusammengetragen worden. Und das tonnenschwere Gewölbe des menschlichen Geistes, es ist während dieser Zeit verflüssigt und durchscheinend geworden. Wie der Supercomputer »MareNostrum« in der kleinen Klosterkirche Torre Girona, so umspült »Project Ocean« unsere bisher bekannte Welt noch in ihren abgelegensten Winkeln. In den Resonanzraum des Geistes sind riesige Wassermassen eingebrochen. Auch wenn es die alten Bibliotheken immer noch gibt – sie sind schließlich der Goldstandard im festen Wechselkurs zwischen Buchstaben und binären Codes –, so haben sie ihre ursprüngliche Bedeutung längst verloren. Die »überdachte Öffentlichkeit«[6], die in den Hallen des Hospital de la Santa Creu, in den meterhohen Lesesälen der Biblioteca de Catalunya Unterschlupf finden konnte, sie ist in die digitale Obdachlosig-

---

6 Der Gedanke der »überdachten Öffentlichkeit« geht auf Ulrich Johannes Schneider, den Direktor der Leipziger Universitätsbibliothek, zurück. Schneider nutzt ihn u. a. in seinem Vortrag »Überdachte Öffentlichkeit. Menschen in Bibliotheken«, den er 2018 in der Weimarer Herzogin Anna Amalia Bibliothek anlässlich der Vortragsreihe »Konstellationen« gehalten hat.

keit entlassen worden. Aus Text wurde Hypertext und aus Hypertext die Textur des Vergessens. Zwar sind nun unzählige Titel miteinander verlinkt und kreuz und quer ineinander verschachtelt, doch ist damit zugleich auch alles wirr und durcheinandergewirbelt. Die Gutenberg-Galaxis ist implodiert: Wir klicken einen Text nach dem nächsten, ohne noch in die Tiefe der Dinge zu dringen. Hinter jedem Link nur eine Information, doch nirgendwo eine wirkliche Formung: nicht die Nummer eines Lesesaales, nicht mal der Code einer Regalreihe; nicht die vierte Bücherwand links, nicht das dritte Buch in der untersten Reihe. Keine Signatur, kein Buchstabe; keine Ordnung, kein Aufbau. Nur Klick auf Klick, nur Hand und Auge. Die riesigen Hallen des Wissens sind gestern abgeräumt worden. Und wo wir jüngst noch mit Händen und Füßen eindrangen – in die Magazine und die Archive, in die Freihandbestände auf ungezählten Etagen wie Zwischenetagen –, da ist jetzt nichts zu passieren und nichts zu begreifen. Eine ganze Welt scheint auf das Rastergitter eines E-Book-Readers zusammengedrückt worden zu sein. Wissen ist zu Kopfwissen geworden. Unverkörpert erstrahlt jeder Satz, der für kurze Zeit noch in den elektrisch geladenen Teilchen eines Tintendisplays aufscheint.

Der Tod der Landschaft

I.

Fred Stiller fährt durch die Dunkelheit. Neben ihm das im Lichtkegel der Innenraumbeleuchtung angestrahlte Haar einer Blondine, unter ihm die acht Zylinder einer weißen »Corvette C3« – ein Chevrolet-Sportwagen, der wegen seiner geschwungenen Karosserie unter Liebhabern auch »Coke-Bottle-Corvette« genannt wird. Ab und an tauchen aus dem Dunkel Lichter auf, ein weißes, ein rotes, dann noch ein gelbes. Der Wagen kommt näher, und die kleinen Lichtpunkte entschwinden wieder. Plötzlich, wie aus dem Nichts: der Einbruch vollkommener Finsternis. Stiller reißt das Lenkrad herum. Man hört das Quietschen von Reifen, zudem ein merkwürdiges Geräusch, das dumpf über der gesamten Szenerie liegt, wie Funksignale, die von irgendwo herkommen. Dann: Schwärze. Nichts. Kein Licht. Kein Geräusch. Nur dieses vollkommen schwarze Bild. Wie ein Symbol für den totalen Nullpunkt. *Tabula rasa.*

Eine Straße verschwindet – und ist dann wieder da. Als das Licht über der Fahrbahn erneut angeht, sieht man Fred Stiller hinter dem Lenkrad seines Wagens sitzen. Die Hände zittern. Er ringt mit der Fassung. »Was ist denn los?« fragt die blonde Frau neben ihm auf dem Beifahrersitz. »Nichts, es ist nichts. Es geht mir nicht gut.« Man merkt, dass der Mann nach Erklärungen sucht. Erklärungen für das, was am Ende eigentlich nicht zu erklären ist. »In der ganzen letzten Zeit ist es mir schon nicht gut gegangen. Ich habe Schwindelanfälle. Bilde mir viel ein. Möglich, dass ich ganz einfach überarbeitet bin.«

Dann folgt ein Schnitt. Abermals Stille. Als die Kamera das nächste Mal wieder aufblendet, sieht man Fred Stiller hinter einem Schreibtisch sitzen. Er lässt rote Flüssigkeit in ein Wasserglas tropfen. Ein Beruhigungsmittel, wie er später sagt. Und das ist eigentlich alles. Eine schnell vergessene Szenerie aus Rainer Werner Fassbinders zweiteiligem Fernsehfilm »Welt am Draht«. Im Herbst 1973 ist diese TV-Adaption von Daniel Francis Galouyes Science-Fiction-Roman »Simulacron-3«[1] erstmals im Abendprogramm der ARD zu sehen. Ein stilisiertes Meisterstück über eine »diabolisch verfremdete Welt«, wie später in einer Kritik der »Süddeutschen Zeitung« zu lesen sein wird. »Eine Welt, die nach Action verlangt – aber diese bleibt ihr versagt.« Statt dessen nur lethargisch wirkende Figuren in einem bewusst lädierten Handlungsstrang. In diesem einzigen Fernsehfilm Fassbinders, den der Regisseur damals mit Klaus Löwitsch und Mascha Rabben in den Hauptrollen verfilmt hat, scheint der Lauf der Dinge wie merkwürdig auf der Stelle zu treten. Als wäre er an eine unsichtbare Kette ge-

1 Daniel F. Galouye: »Simulacron-3«. München 1993.

legt. Vermutlich ist dieser Stillstand mit ein Grund dafür, dass »Welt am Draht« schon kurz nach der Erstausstrahlung – und dann für die kommenden Jahrzehnte – in den Archiven der ARD verschwindet. Erst viel später, Fassbinder ist lange tot, wird der Film zur Vorlage für unzählige invasive Kinoklassiker – von »Matrix« über »The 13th Floor« bis zu »Inception«.

»Welt am Draht«, das ist die Geschichte einer computergenerierten Simulation. Am Institut für Kybernetik und Zukunftsforschung (IKZ) wird mit Hilfe des Supercomputers »Simulacron-1« eine künstliche Parallelwelt erzeugt, die von menschenähnlichen Avataren bewohnt wird. Es ist eine Simulation, die derart perfekt ist, dass Fiktion und Wirklichkeit für alle Beteiligten kaum noch zu unterscheiden sein dürften. Fred Stiller jedenfalls, der Mann aus der »Corvette«, bemerkt die Künstlichkeit seiner eigenen Welt erst ganz am Ende. Dieser Stiller, er wird als der neue Technische Direktor am IKZ vorgestellt. Als dessen Leiter residiert er in einem futuristischen Bürokomplex in einem kalten, menschenabweisenden Interieur mit Zwischenwänden aus nacktem Glas. Mehr und mehr kommt er in den drei Stunden des zweiteiligen Fernsehfilms hinter das gut gehütete Geheimnis: Auch seine eigene Realität – er selbst, das Auto, das Institut, die blonde Frau auf dem Beifahrersitz –, all das scheint ebenfalls nur künstlich zu sein. Die Idee einer Idee einer Idee, wie er selbst an einer Stelle des Films sagt. Simulation einer Simulation. Bild im Bild im Bild. Als wäre es eines der vielen rätselhaften Gemälde von René Magritte. Ein *Mise en abyme*, wie man jene Konstellationen in Kunst und Literatur nennt. Geschichten, die sich selbst noch einmal enthalten oder die in der Rahmenhandlung noch einmal die Binnenhandlung aufnehmen. Stiller, wie all die anderen Angestellten seines Instituts für Kybernetik und Zukunftsforschung auch, sind somit nur die müden und stets wie auf Watte gehenden Identitätseinheiten einer weiteren elektronisch vorgespiegelten Scheinrealität – einer Welt, gehüllt in lethargisches Blaulicht und durchzogen von steriler »Aquarium-Atmosphäre«, wie später in den überwiegend begeisterten Filmkritiken zu lesen sein wird.

Irgendwann also wird dieser Fred Stiller hinter das Geheimnis dringen. Und zwar genau in jenem Moment, in dem die Straße während der eingangs geschilderten Autofahrt vor seinen Augen verschwindet. Der Zuschauer wird über diesen wahnwitzigen Erkenntnismoment zunächst im Unklaren gelassen. Er sieht Stiller und seine weibliche Begleitung aus einer hinter ihnen liegenden Parallelperspektive. Er schaut ihnen quasi über die Schultern; als säße er direkt hinter ihnen. Dieser Kunstgriff erzeugt eine beklemmende Nähe, lässt einen zugleich aber auch nicht entkommen. Zusammen mit den Hauptdarstellern blickt man in die geheimnisvolle Dunkelheit hinter der Frontscheibe der »Corvette«. Als säße man mit den Protagonisten zusammen in einem Autokino und blickte wie gebannt auf die vor einem liegende Leinwand. Und irgendwann kommt dann dieser Riss – als würde der Film von der Spule gerissen, oder als hätte jemand bei laufender Projektion den Stecker gezogen. Schwarzes Rauschen. Mehr nicht. Keine Welt, keine Tiefe. Vollkommene Leere.

Einige Filmminuten später, die Handlung hat wieder Fahrt aufgenommen, wird Stiller zusammen mit dem Zuschauer erfahren, dass in genau diesem Moment die computergenerierte Simulation versagt haben soll. In der Software von »Simulacron-1« sei die Straße versehentlich nicht zu Ende programmiert worden. Vielleicht sei auch ein Schaltkreis im Rechenzentrum ausgefallen. So genau könne das niemand mehr sagen. Die Landschaft jedenfalls, in die man als Betrachter noch kurz zuvor so träge hineingeschaut hatte und in die man sich wie selbstverständlich hat hineinziehen lassen, musste für ein paar Sekunden vom Netz genommen werden. Irgendwann, so wird es an späterer Stelle des Films ein Programmierer aus dem Institut erklären, habe das Korrekturprogramm wieder Impulse bekommen. Die Welt sei wieder da gewesen. Diese dunkle Landschaft, die es ja eigentlich nie gegeben hat. Eine Simulation, die man ein- und ausschalten, der man den Stecker ziehen kann. Augenblicklich. Und aus!

Im Jahr 1973, dem Jahr, in dem Fassbinders Science-Fiction-Klassiker erstmals in der ARD zu sehen war, haben die meisten mit der im Film geschilderten Erfahrung noch nicht viel anfangen können. Für sie glich der Film eher einem Gedankenexperiment. Ein cineastisches Denkmodell. Die sogenannte Informationsgesellschaft steckte in jenen Jahren schließlich noch in den Kinderschuhen. Simulation und Virtualität waren Begriffe, die man erst langsam zu buchstabieren lernte. Wie Außerirdische wirkten Fassbinders Protagonisten daher. Fremde, die in kalten und lediglich vorgetäuschten Räumen eine sinnliche Realität zu erfahren meinten: Cyborgs, die in synthetische Sphären eingeklemmt waren – in Welten, die, von heute aus betrachtet, so aussahen, als hätte sie Cyber-Guru Ray Kurzweil tags zuvor auf das Sichtfeld einer großen Datenbrille geträumt. Denn heute, genau ein halbes Jahrhundert nach Erstausstrahlung des Fernsehzweiteilers, ist uns der virtuelle Erfahrungshorizont des Fred Stiller bis ins Innerste gedrungen. Eine Landschaft am Power Button; eine Welt am Draht. Was Ende des 20. Jahrhunderts noch kalte Fiktion war, das ist zur allgegenwärtigen Realität geworden. Tag für Tag sitzen wir hinter Flachbildschirmen und Rasterdisplays, von wo aus wir das gnadenlose Geflimmer der Grafikkarten mit den weit geöffneten Fenstern zur Welt verwechseln. »Windows«, einst nur ausgeklügelter Markenname für die graphische Benutzeroberfläche auf IBM-Computern, ist zum vielleicht erfolgreichsten Sprechakt der jüngeren Geschichte geworden. Eine Behauptung, die für die meisten Menschen längst zur unumstößlichen

Tatsache gehört. Als wären wir Teilnehmer einer Techno-Trance. Eine hypnotisierte Gesellschaft, die die Außenansicht der Wirklichkeit in den LCD-Bildpunkten ihrer Flachbildschirme vermutet. Mag die Welt in den Laboren der Nanotechniker oder in den Raumfahrtzentren der Astrophysik längst einem holographischen Multiversum gleichen; in unserer medial erzeugten Alltagserfahrung scheint sie Tag für Tag auf der Oberfläche eines Flachbildmonitors aufzuprallen. Oft sind es nur noch winzige Mikrometer, auf denen wir die tiefsten Tiefen des Daseins vermuten. Wir haben die Welt zu lesen gelernt: nicht mehr, wie einst noch unsere Ahnen, auf einer *grand tour* oder während einer ritterlichen Aventiure. Nein, in Zoom- und Webex-Meetings, in Team- und Skype-Sitzungen stampfen wir den äußeren Raum immer wieder neu zu einer vor dem inneren Auge entstehenden Flächenmontage zusammen. Wir sind Fred Stiller, apathisch auf LCDs und Pixelfelder blickend, die wir für Straßen, Landschaften oder gar für Menschen halten. Unsere Kameras werden uns zu Augen, unsere Muskelzuckungen zu verkümmerten Handlungsabläufen. Gerade so, als würden uns unsere Wege mit jedem Update neu geebnet und als würden uns die Parameter von Raum und Zeit sowie von Nähe und Ferne mit jedem Tag zu einer neuen variablen Fläche vernäht. So ist uns Hongkong wohl längst näher gekommen als Hemd oder Hose, und der Himalaya erscheint auf Smartscreen-Format geschrumpft. Und irgendwann – vielleicht wenn die Simulation versagt oder wenn der Schaltkreis im Rechenzentrum ausfällt – reiben wir uns müde und verstört die Augen und starren in diese gewaltige Wüste am graphisch simulierten Horizont. Wir sind Fred Stiller. Während unseres rasenden Stillstands durch die Simulation bemerken wir nicht einmal mehr ihre Nähte und Narben. Die ganze Zeit erklingt im Hintergrund dieses ohrenbetäubende Geräusch, gleich Funksignalen aus dem Äther. Wir aber nehmen sie nicht mal mehr wahr. Mag die Welt auch eine Attrappe sein, es scheint uns nicht mehr zu bekümmern. Erst wenn wir auf die Bremse treten müssen, weil sich vor uns das große Nichts aufzubauen droht – dieser schwarze Abgrund Unendlichkeit –, dann fallen wir panisch in den uns von allem Anfang an umgebenden Raum zurück und vernehmen hinter unserer Computeruhr den beständigen Rhythmus von Tag und Nacht.

II.

Dabei wollten wir doch nur in die Welt hinaus, immer weiter und immer schneller. Seit der technischen Moderne werden wir von diesem großen Versprechen vorwärtsgetrieben: In immer kürzeren Zeitabständen, so heißt es, würden wir immer größere Räume durchschreiten können. So sind Zeit und Landschaft über die Jahre hinweg zu ökonomisierbaren Größen geworden – wie zuvor schon Produktion und Bodenschätze, wie Arbeit und Kapital. Es war dies die vermutlich größte Medienrevolution in der Geschichte. Mit dem Aufkommen von Eisenbahnen und Telegraphen waren wir mit einem Mal in der Lage, das komplexe Beziehungsgeflecht von Körper und Raum neu auszurichten. Ein gigantischer Befreiungsschlag, vergleichbar der Entfesselung des Prometheus vom Kaukasus-Gebirge. Denn seit Menschengedenken war das Grundmaß unserer zeitlichen Erfahrung eigentlich an die Bewegung unserer Körper durch die Landschaft gebunden. Ferne und Nähe bestimmten sich über die Anzahl der Schritte, die ein Reisender an einem Tag zu Fuß oder, wenn es einmal schnell gehen musste, im Sattel eines Pferdes zurücklegen konnte. Mal geschah dies heftig röchelnd und um Atem ringend, dann wiederum leicht und retardierend – mehr Steuerung war nicht möglich. Eine Tagesreise betrug 12.000 Schritte oder 30 Kilometer – je nach Gelände und Wetterlage. Da war selbst der Mensch der Aufklärung im wörtlichen Sinne nicht fortgeschrittener als der der Antike: »Von der Tagesreise nur so viel: St. Agata verließen wir mit Sonnenaufgang, der Wind blies heftig hinter uns her, und dieser Nordost hielt den ganzen Tag an«, schrieb etwa Goethe in seiner »Italienischer Reise« von 1786[2] – ganz so,

2 Die gesamte Reise legte Goethe zwischen September 1786 und Mai 1788 zurück. Das zweiteilige Werk »Italienische Reise« basiert auf seinen Reisetagebüchern, entstand jedoch erst wesentlich später, zwischen 1813 und 1817.

als wäre sein Reisebericht von Skylax von Karyanda geschrieben, einem vielgereisten Geographen aus dem 6. Jahrhundert vor Christus, der zu den ersten Reise-Chronisten der Menschheit zählte.

Nicht einmal zwanzig Jahre nach Goethes Kutschfahrt in den Süden aber wird diese jahrtausendealte Raumerfahrung ganz plötzlich aus den Angeln gehoben. Einem gewissen Richard Trevithick, Maschinenbauer aus der englischen Grafschaft Cornwall, gelang es erstmals, den menschlichen Erfahrungshorizont mittels maschineller Energien zu erweitern. Als Erfinder der ersten funktionstüchtigen Dampflokomotive löste er 1808 die subjektiv empfundene Raumzeit vom Maß des menschlichen Körpers ab. »Catch me who can« lautete denn auch der treffliche Name einer der ersten kommerziell genutzten Lokomotiven, die mit 19 Kilometern in der Stunde auf einem übersichtlichen Schienenkreis auf dem Torrington Square in London ihre Runden drehte.

Trevithick sollte es allerdings nicht vergönnt sein, diesen ewigen Schienenkreislauf zu durchbrechen, und so war es letztlich an seinem Landsmann George Stephenson, einem Bergarbeitersohn aus dem britischen Wylam, die natürliche Leibeswahrnehmung von der modernen Landschaftserfahrung zu entkoppeln. 1825 gelang ihm die Jungfernfahrt auf der ersten Eisenbahnlinie vom nordenglischen Städtchen Stockton ins 40 Kilometer entfernte Darlington. Fortan bestimmte nicht mehr das Maß der Bewegung des Körpers durch den Raum die menschliche Zeit- und Geschwindigkeitserfahrung; das Reisen wurde durchrationalisiert. Maschinen und Technik gaben das Tempo vor. Und vermutlich war es weit mehr als eine historische Petitesse, dass im rheinischen Koblenz um dieselbe Zeit ein kleines Buch mit dem Titel »Rheinreise von Mainz bis Köln«[3] erschien, das das erste »Handbuch für Schnellreisende« sein wollte. Es war übrigens just an jenen Orten verfügbar, an denen heute Achtsamkeits-Ratgeber und Entschleunigungs-Handbücher den gestressten Zeitgenossen nützliche Handreichungen inmitten des Temporauschs darbieten möchten: in den allmählich aufkommenden Bahnhofsbuchhandlungen am Rande der ersten eisernen Schienenstränge.

Stephensons Dampfross »Blücher«, das nach Meinung seines Erfinders »50 Pferde wert« gewesen sei, stellte den Auftakt zu einem nicht mehr enden wollenden Beschleunigungstrend dar. Auf Stephensons Eisenbahn folgte das Automobil von Carl Benz, danach der Rennwagen, der Schienenzeppelin, das Flugzeug, die Überschallmaschine »TU-144«, die französische »Concorde«... Mit einem Affenzahn geht es seither in die Zukunft. Der bis dato letzte Punkt im unentwegten Geschwin-

---

3 Johann August Klein: »Rheinreise von Mainz bis Köln; historisch, topographisch und malerisch bearbeitet von Professor Johann August Klein«. Karl Baedeker Verlag, Coblenz [sic!] 1828.

digkeitsrausch: »Starship«, die bis dato größte Rakete der Welt, finanziert von Space-X-Gründer Elon Musk. Immer schneller fliegen wir in die vor uns liegende Landschaft und in die über uns ragenden Himmel hinein. Immer verkürzter werden die Zeiten, die es für die Überwindung räumlicher Ferne noch braucht. Es scheint geradewegs der Markenkern moderner Gesellschaften zu sein, den Raum stetig schrumpfen zu können und die Zeit unablässig voranzupeitschen. Die »Schönheit der Geschwindigkeit«, die bereits der italienische Futurismus zum Maß aller Dinge erkor, hat auch im 21. Jahrhundert, allen Klimadiskussionen zum Trotz, nichts an Attraktivität verloren. Im Gegenteil: Träumte Filippo Tommaso Marinetti noch nahezu ausschließlich vom Gaspedal auf der Straße, vom Rennwagen, der laut seines berühmten Satzes aus dem »Manifest des Futurismus« angeblich schöner sein sollte »als die Nike von Samothrake«[4], so ist die Tempo-Ideologie heute in alle Winkel der Erde vorgedrungen: Am eindrucksvollsten findet man sie mittlerweile wohl in der Halbleitertechnik, dem Schmierstoff der elektronischen Informations-

---

4 Filippo Tommaso Marinettis »Manifest des Futurismus« erschien erstmals am 20. Februar 1909 in »Le Figaro«. In der vierten von insgesamt elf Thesen heißt es: »Wir erklären, dass sich die Herrlichkeit der Welt um eine neue Schönheit bereichert hat: die Schönheit der Geschwindigkeit. Ein Rennwagen, dessen Karosserie große Rohre schmücken, die Schlangen mit explosivem Atem gleichen. Ein aufheulendes Auto, das auf Kartätschen zu laufen scheint, ist schöner als die Nike von Samothrake.«

beschleunigung. Bereits Mitte der 1960er Jahre hat in diesem Bereich der Chip-Entwickler und spätere Intel-Mitgründer Gordon Earle Moore eine Gesetzmäßigkeit festgestellt, nach der sich die Komplexität integrierter Schaltkreise alle zwei Jahre verdoppele. Moore, der zunächst nur davon ausgegangen war, dass dieses nach ihm benannte Mooresche Gesetz vielleicht zehn Jahre Gültigkeit besitzen könne, ist damit zum Propheten der digitalen Akzeleration geworden. Seitdem er sein Theorem erstmals in der Zeitschrift »Electronics«[5] veröffentlichte, sind gut sechzig Jahre vergangen. Und seine Beobachtung, die die Grundlage für die unentwegte Beschleunigung von Rechenleistungen bildet, besitzt noch immer Gültigkeit.

Alles scheint somit getrieben von einem möglicherweise unumkehrbaren Steigerungszwang. Er ist der eigentliche Motor hinter der modernen Beschleunigungsgesellschaft. Doch die Akzeleration wird an ihr Ende kommen. Vielleicht ist dieses Ende sogar längst erreicht, zumindest in unserer subjektiven Erfahrungswelt. Denn mehr und mehr erleben wir eine paradoxe Wirkung: Wie in der berühmten »Wagon Wheel Illusion«, bei der ein Beobachter eines sich in voller Fahrt befindlichen Autorades ab einem bestimmten Punkt feststellt, dass sich das Rad zumindest in seiner verzerrten Wahrnehmung

5 Gordon Moore: »Cramming more components onto integrated circuits«. In: »Electronics«. Band 38, Nr. 8, 1965. S. 114–117.

nicht weiter oder schneller vorwärtsbewegt, sondern wie in der Luft stillzustehen scheint, so scheint auch die Beschleunigung von Raum und Zeit an einen Kippunkt zu gelangen. Denn was wir seit geraumer Zeit erleben, ist keine Beschleunigung mehr, eher schon ist es der rasende Stillstand. Wie einst Fassbinders Fred Stiller, überkommt uns zusehends und unvermittelt der Eindruck, dass wir zwar auf nächtlicher Fahrbahn dahinzurasen scheinen, in Wahrheit aber vor einer sich immer perfekter gebenden Projektion verharren. Es ist dies der bizarre Schlusspunkt unseres schier unstillbaren Geschwindigkeitsdrangs: der stehende Sturmlauf[6], eine paralysierte Kraft. Noch versuchen wir sie mit allen Mitteln zu leugnen. Doch längst ist sie unübersehbar geworden.

Hinter dem Wagenradeffekt ist uns der dreidimensionale Raum zur flachen Scheibe geraten – und das, obwohl wir doch das natürliche Gelände pfeilschnell zu durchbohren scheinen. Was wir aber in Wahrheit erleben, ist eine Verdichtung – und das nicht nur in der digital vermittelten Welt, sondern ebenso in der uns umgebenden natürlichen Landschaft. Das Gefährt, mit dem wir über den Globus jagen oder das uns durch entortete Sphären dahingleiten lässt, ist immer seltener noch ein zu Raum

---

6 Das Bild des stehenden Sturmlaufs geht auf den Schriftsteller Franz Kafka zurück, der damit erstmals die paradoxe Zeiterfahrung der Moderne in Worte zu fassen suchte.

und Welt hin geöffnetes Fahrwerk. Eher schon gleicht es einer Kapsel. Blickdicht verschlossen, hat sie uns des visuellen Zugriffs auf jene Regionen beraubt, die wir als dahinschnaubende Beschleunigungsjunkies tagtäglich passieren. Dabei hat einst schon der leidenschaftliche Fußgänger Jean-Jacques Rousseau die Nase über all jene gerümpft, die bereits zu seinen Lebzeiten die Landschaft nicht mehr gemächlich durchschritten, sondern ihre Zeit »traurig und gleichsam eingesperrt [...] in einem kleinen verschlossenen Käfig«[7] verbrachten. Wie anders sind da bereits wir Ein-, ja wir geradezu Abgekapselten: Die Ausfahrt ist uns zur Durchfahrt geworden. An dem einen weltverlorenen Ort steigen wir in unseren Reisebehälter ein, an einem anderen steigen wir wieder aus. Der Raum dazwischen aber bleibt im Dunkeln. Er ist der Tunnel zwischen zwei Schnellbahnhöfen, die ereignisarme Himmelssphäre zwischen einer Start- und Landebahn. Zwar verschiebt sich der beobachtbare Handlungsrahmen unserer Welt immer mehr; mit jedem Jahr vermutlich um unzählige Lichtjahre – von Chemnitz nach Chengdu und vom Saturn über das Ende der Milchstraße bis hinüber zur Sagittarius-Zwerggalaxie. Das körperlich erlebbare Handlungsfeld aber wird immer kleiner. Als verlöre der Raum, wäh-

7 Jean-Jacques Rousseau. Zitiert nach Susan Neiman: »Warum erwachsen werden. Eine philosophische Ermutigung«. Frankfurt a. M. 2014. S. 157.

rend wir ihn in immer schnelleren Vehikeln durchkreuzen, immer mehr an seiner sinnlichen Erfahrbarkeit.

Es war der französische Schriftsteller Victor Hugo, dem diese Veränderung bereits früh zu Bewusstsein kam. In einem Brief aus dem Jahr 1837 schrieb er über eines seiner ersten Eisenbahnerlebnisse: »Die Blumen am Feldrand sind keine Blumen mehr, sondern Farbflecken, oder vielmehr rote und weiße Streifen; es gibt keinen Punkt mehr, alles wird Streifen [...].; die Städte, die Kirchtürmer und die Bäume führen einen Tanz auf und vermischen sich auf eine verrückte Weise mit dem Horizont.«[8]

Hartmut Rosa hat dieses eigentümliche Phänomen der Welt-Verstreifung gut 200 Jahre später auf den Begriff des »Resonanzverlustes« gebracht. Für den Jenaer Soziologen werden wir nicht nur immer schneller, die endbeschleunigte Moderne rast sogar auf eine regelrechte »Resonanzkatastrophe« zu.[9] Denn während wir in immer kürzeren Intervallen immer mehr Welt an uns heranholen, überkommt uns doch zugleich die Angst vor dem großen Weltverstummen. Mag ja sein, dass da nach wie

---

8 Victor Hugo. Zitiert nach Susan Neiman: »Warum erwachsen werden. Eine philosophische Ermutigung«. Frankfurt a. M. 2014. S. 159.

9 Hartmut Rosa hat diesen Gedanken erstmals ausführlich in seinem Buch »Resonanz« dargestellt. Hartmut Rosa: »Resonanz. Eine Soziologie der Weltbeziehung«. Frankfurt a. M. 2019.

vor das alte Lied ist, das, wie es einst romantische Dichter versprachen, auch heute verzaubert in den Dingen schläft. Man versuche aber nur mal einen einzigen Ton zu ergattern, während man mit einer »Corvette C-3« an einem dunklen Waldesgrund vorbeirauscht.

So wird am Ende irgendwann nichts mehr sein. Der schwarze Abgrund Unendlichkeit. Ganz so wie in Fassbinders »Welt am Draht«. Nichts passiert, weil nichts passiert wird. Statt dessen entsteigen wir an den Endpunkten einer jeden Ausfahrt nur müde unseren von Hitzeschildern ummantelten Raumfahrerkapseln und stolpern auf jenen festen Grund zurück, den wir für den Moment eines Atmosphärenaustritts verlassen haben. Wir geben Gas und gehen in den Endspurt. Immer schneller und immer schneller! Tempo, Tempo! – als würde das 21. Jahrhundert von einem Jahrmarktschreier angefeuert. »Need for Speed«, wie ein nicht tot zu kriegender Gaming-Klassiker seit Jahren schon heißt[10]. Mithalten. Nachrücken. Bis zu jenem magischen Punkt, an dem der eingangs geschilderte Wagenradeffekt plötzlich über uns hereinbricht – jener Moment, an dem wir nur noch unbewegt vor einem Monitor sitzen, irgendwo in Berlin oder München. An einem

10 »Need for Speed« ist ein Autorenn-Klassiker des US-amerikanischen Videospiel-Herstellers Electronic Arts. Die erste Version kam 1994 in den Handel. 2002 gab es auch einen Kinofilm gleichen Namens.

x-beliebigen Einwahlpunkt eines Datennetzwerks eben. *Au revoir*, ihr fest ummantelten Weltbilder! Willkommen, elektronischer Landstreicher, willkommen in der perfekten Animation!

III.

Doch allmählich macht sich Widerstand bemerkbar; an einer Stelle, die man gänzlich vernachlässigt hatte: Der Körper schlägt zurück. Die mit der Moderne einhergehenden Grenzüberschreitungen, die veränderten Körper-Raum-Beziehungen sowie die permanenten Neujustierungen von innen und außen bleiben für die menschliche Physis nicht ohne Folgen. Davon erzählen bei allem Jubel über die Beschleunigung bis heute unzählige Leiden an der technischen Fortbewegung. Leiden, die mit dem ersten Tritt aufs Gaspedal, ja mit der ersten Beheizung eines Dampfkessels ganz plötzlich über uns gekommen sind. Geradezu legendär ist etwa die sogenannte Eisenbahnkrankheit. Noch heute taucht sie als »Kinetose«, als Bewegungsleiden, im medizinischen Diagnosecode auf. Schaffner wie Reisende, so ist bereits in historischen Berichten zu lesen, klagten mit einem Mal über Zittern, Ermüdung und Erschöpfung; über nervöse Reizbarkeit und Verdauungsstörungen: Krankheitsindikatoren, die wie aus dem Nichts heraus über die Menschen kommen. Später, mit dem modernen Reisefieber, gesellen sich noch Schwindelgefühle, Übelkeit,

Kopfschmerzen und blasse Haut zu den Symptomen. Dieses Leiden an der Geschwindigkeit, es findet bereits ab 1860 Eingang in die Fachbücher und Lexika und wurde zunächst auf die ruckelnde Bewegung der Züge, dann aber auch auf die veränderte Raum- und Zeitwahrnehmung der Reisenden selbst zurückgeführt. Derart schnell wechselnde optische Eindrücke, hieß es in der Literatur, waren die Menschen nicht gewohnt.

Später kam zu den kuriosen Krankheiten der sogenannte Telephonunfall hinzu. Ein Phänomen, das Psychiater vornehmlich am Beginn des 20. Jahrhunderts ausgemacht haben wollten. Damals erschienen immer mehr Patienten in den Sprechstunden, die eine »otologische und neurologische Gesundheitsstörung« zeigten – ein Krankheitsbild, das meist als »traumatische Neurose« diagnostiziert wurde.[11] So berichtet die Fachliteratur von einem Arbeitsunfall aus dem Jahr 1911[12]: Eine Göttinger Telefonistin namens Theodora F. soll über zwei Monate hinweg arbeitsunfähig gewesen sein, nachdem sie einen »elektrischen Schock im

11 Das erste Mal wurde ein solches Phänomen in dem Aufsatz »Über den Einfluß des Telephongebrauches auf das Hörvermögen« des Ohrenarztes C.J. Blake beschrieben. Erschienen in: »Zeitschrift für Ohrenheilkunde«, 1890. Bd. 20. S. 83–86.

12 S. Andreas Killen: »From Shock to Shreck. Psychiatrists, Telephone Operators and Traumatic Neurosis in Germany, 1900–26«. Erschienen in: »Journal of Contemporary History«. London 2003. Vol. 38. S. 201–202.

linken Ohr« verspürt hatte. Nach einem weiteren Zusammenbruch wurde die Telefonistin für zwei Monate in ein Sanatorium eingewiesen, wo man ihr »generelle nervöse Zusammenbrüche in Zusammenhang mit einem hysterischen Charakter« attestierte. Die technische Auflösung der für Fräulein F. bis dato vertrauten Raumzusammenhänge, so hat es den Anschein, war nicht ganz spurlos an der jungen Frau vorübergegangen. Und Theodora F. war kein Einzelfall: Während der ersten Hälfte des 20. Jahrhunderts, so beschreibt es noch heute einer der wenigen Fachartikel[13] zum »Telephonunfall«, sollen viele Frauen, die damals in deutschen Fernsprechämtern tätig waren, mit vergleichbaren Symptomen vorstellig geworden sein. Technische Erkrankungen, heißt es, seien in jenen Jahren fast schon pandemisch gewesen. Laut des Aachener Psychologen Klaus Podoll sollen traumatische Neurosen wie der »Telephonunfall« zwischen 1860 und 1920 massenhaft aufgetreten sein.[14] Zuweilen seien sie irgendwann von alleine wieder verschwunden – durch »Angewöhnung an den Apparat« –, zum Teil entwickelten sich die Symptome aber auch erst wieder zurück, »wenn eine fernere Benutzung des Telephons vermieden« wurde.

---

13 S. hierzu: Klaus Podoll: »Der Telefonunfall – ein Beitrag zur Geschichte der traumatischen Neurosen«. Erschienen in: »Fortschritte der Neurologie – Psychiatrie«. Stuttgart 1991. S. 387–393.

14 A. a. O. S. 387.

Manches aber blieb auch für immer – zuweilen latent, gelegentlich aber auch ganz offensichtlich. Technische Veränderungen führen gelegentlich zu einer Verschiebung grundlegender psychischer, physischer sowie psychosozialer Grenzen. Und Umbrüche in der Wahrnehmung hinterlassen zumeist auch Bruchstellen an der fragilen Membran zwischen Außenraum und Innenwelt. Das in dieser Hinsicht vielleicht letzte durchaus ernstzunehmende Phänomen: die sogenannte Motion- oder Cyber-Sickness, von anderen auch als »Krankheit der Virtuellen Realität« bezeichnet. Dahinter verbirgt sich ein Symptom-Potpourri aus Übelkeit, Schwindelgefühl, Apathie und Bewegungsinstabilität, das immer wieder auf intensive Nutzer von VR-Brillen herniederzukommen scheint. Ätiologie und Prävalenz sind dabei längst nicht geklärt. Im Gegensatz zu anderen Medienkrankheiten aber gehen Studien bereits jetzt davon aus, dass es sich hierbei nicht um ein skurriles Randphänomen der modernen Diagnostik handelt. Über die Hälfte aller VR-Brillennutzer soll demnach mindestens schon einmal von den Symptomen betroffen gewesen sein. Als Ursache wird vermutet, dass die Krankheit mit dem Eindruck der Selbstbewegung in einer eigentlich stillstehenden Umgebung zusammenhängen könnte. Auch das Gefühl, selbst in dieser eigentlich nicht vorhandenen Fake-Realität körperlich anwesend zu sein, sowie der generelle Immersionseffekt, bei dem der Nutzer Realität und Virtualität zunehmend miteinander verwechselt, scheinen mit ursächlich für dieses ganz neue Symptombild zu sein. Es mag dies eben die Malaise des rasenden Stillstands sein, eine Grunderkrankung unserer Zeit. Sie taucht immer dann auf, wenn die körperliche Selbstwahrnehmung von dem abweicht, was der visuelle Cortex uns als Realität anbietet; ein Leiden an der verschwindenden Welt.

Noch ist nicht sicher, was dieses fortschreitende Auseinanderklaffen von Körper und Raum, von Welt und Wahrnehmung, von innen und außen mit der psychischen wie physischen Konstitution des Menschen anstellt. Klar ist: Bis heute finden sich unzählige Schrullen und Geschichten, die zu bestätigen scheinen, dass Körper und Geist zuweilen ganz unterschiedliche Geschwindigkeiten besitzen. Von George Orson Welles etwa, dem legendären Regisseur und Autor unzähliger Kinoklassiker, berichtet man, dass der schon im Alter von 30 Jahren sein eigenes Haus nicht mehr verlassen habe, da er der festen Überzeugung gewesen sei, dass man sich beim Unterwegssein im wahrsten Sinne verlieren könne. Und von Lawrence Olivier, einem der größten Theater- und Filmschauspieler des letzten Jahrhunderts, erzählt man sich, dass er in der Fremde zu unerklärlichen Dissoziationen und zu Vergesslichkeit geneigt habe. In unvertrauter Umgebung soll Olivier gelegentlich seine Papiere, seine Beherrschung, ja sogar seinen eigenen Namen vergessen haben: »Ich halte Sie für Sir Lawrence Olivier«, soll eine Krankenschwester in einer Notfallambulanz einmal zu dem weltbekannten Mimen gesagt haben, als der wieder einmal unter Identitätsverlust litt. »Vielleicht haben Sie recht«, so dessen Entgegnung. »Aber ich erinnere mich einfach nicht mehr. Ich bin auf Reisen.«

Es sind dies merkwürdige Geschichten, verschroben, vielleicht sogar etwas überspannt. Als könne die Innenwelt mit der Geschwindigkeit der äußeren Bewegung immer seltener mithalten, als ginge etwas verloren auf dem beschleunigten Weg von A nach B. Von einer solch eigentümlichen Erfahrung berichtet auch eine kleine Anekdote über einen unbekannten europäischen Wissenschaftler, der für eine Himalaya-Expedition eine Gruppe indischer Träger angeheuert hatte. Während der Europäer forsch zum Gipfel drängte, erlaubten sich die Inder immer wieder längere Pausen. Nach einigen Minuten soll der Wissenschaftler stets erneut zum Aufbruch gedrängt haben. Die Träger aber sollen den Fremden immer wieder nur verwundert angeschaut und nach einiger Zeit beteuert haben: »Wir können nicht weitergehen. Wir müssen warten, bis unsere Seelen nachgekommen sind.«[15]

---

15 Die Geschichte findet sich in: Rudolf Walter: »Gelassenwerden«. Freiburg 1997.

IV.

Die Raumerfahrung als Seelenreise; die Fahrt durchs Außen als Gang nach innen. Von solchen Erfahrungen weiß nicht nur die Medizingeschichte, auch die frühesten Mythen und Märchen, die Sagen, Legenden, sogar die Träume erzählen von ihnen. Jeder Weg durch widerspenstiges Gelände ist in ihnen immer auch eine Reise durch psychische wie seelische Widerstände. Jeder äußere Fortschritt spiegelt eine seelische Entwicklung: ein Schritt in die Welt als Widerhall einer inneren Reifebewegung. Der US-amerikanische Literaturwissenschaftler und Mediävist Joseph John Campbell, der mit seinen Büchern auch großen Einfluss auf das amerikanische Kino mit all seinen unvergesslichen Heldenepen und Entwicklungsgeschichten ausübte, hat all die wiederkehrenden Merkmale und Strukturen der bekannten Monomythen in einer fast 50-jährigen Forschertätigkeit untersucht. »Der Weg, den die mythische Abenteuerfahrt des Helden normalerweise beschreibt, folgt, im vergrößerten Maßstab, der Formel, wie die Abfolge, dem rite de passage sie vorstellt: Trennung – Initiation – Rückkehr«, so Campbell[16]. Eine Formel, die für ihn der einheitliche Kern des Monomythos ist. Der nämlich wird durch eine beschwerliche Reise geprägt oder

16 Joseph Campbell: »Der Heros in tausend Gestalten«. Berlin 2011. S. 42.

durch eine Wegstrecke voller Abenteuer. Und trotz all der zu erleidenden Plagen, eine solche Heldenfahrt findet sich in nahezu allen archetypischen Geschichten der Menschheit, ja oft sogar tief in den eigenen Träumen wieder: Odysseus etwa, so wie Homer ihn überliefert, verlässt die Insel Ithaka, um an der Seite von Nestor und Peleus in einen Krieg gegen Troja zu ziehen. Hernach geistert er über Jahre hinweg durch nahezu den gesamten Mittelmeerraum und kehrt am Ende seiner Irrfahrt erlöst und seelisch nachgereift in seine angestammte Heimat zurück. Theseus verlässt Athen, tötet auf einer Tributfahrt in Richtung Kreta den furchterregenden Minotaurus, reift darüber sexuell zum Mann und landet zuletzt mit der von ihm angetrauten Ariadne am Ausgangspunkt seiner heroischen Reiseroute. Prometheus wiederum steigt als Titanensohn bis an den Himmel, stiehlt bei den Ewigen das Feuer und kehrt nach erfüllter Mission wieder zurück zu den Irdischen.

Dabei sind all die Abenteuer und Herausforderungen, die Reisen zu Göttern und Ungeheuern, die Kämpfe gegen Drachen und Monster, gegen falsche Freunde und gefährliche Feinde, immer auch Spiegelbilder innerer Wachstumsprozesse. Die innere Formung folgt der Gestalt einer Landschaft oder den Gegebenheiten eines unwegsamen Geländes. Felsen, Grotten und Höhlen, tiefe Abgründe und schwere Seegänge; Feuer, Glut und Asche – all das wird vom tapferen Helden letztlich nur zu dem einen Zweck überwunden, um am Ende auch das eigene Herz zu befreien. Beide, so Campbell, der Heros und seine Umwelt, »der Sucher und der Gefundene, werden so als Außenseite und Innenseite eines einzigen, sich selbst spiegelnden Geheimnisses erkannt«.[17]

Diese Spiegelung von innen und außen, von Weltenraum und Seelenlandschaft reicht weit über solch frühgeschichtliche Mythen und Legenden hinaus. Besonders die europäische Reiseliteratur des 18. und 19. Jahrhunderts, später auch die großen amerikanischen Road Movies – »Easy Rider«, »The Straight Story« oder »Fear and Loathing in Las Vegas« –, greift diesen Gedanken wieder auf und folgen ihren Helden durch das unwegsame Gelände der Initiation. Sie stehen für ein Unterwegssein, das im eigentlichen Sinne nicht Weg und Straße, sondern wohl das Leben selbst meint.

Dass diese Bewegung durch eine Landschaft eben auch seelische wie geistige Kräfte lostritt, das ahnten aber nicht nur die Dichter und Geschichtenerzähler. Auch Philosophen machten sich die Doppelbewegung von innen und außen zuweilen zunutze. In der von Aristoteles um das Jahr 335 vor Christus gegründeten Denkschule der Peripatetiker etwa zeigte man sich zutiefst überzeugt davon, dass das räumliche Umherwandeln auch einen un-

---

17 Ebd.

mittelbaren Einfluss auf die Bewegung des Geistes haben müsse. Aristoteles selbst soll demnach seine eigene Philosophie vor allem im Auf- und Abgehen in einer von Säulen getragenen Wandelhalle (Peripatos = Wandelhalle) außerhalb der Stadtmauern Athens vorgetragen haben. Doch Wandlung und Bewegung, das waren für den Schüler Platons nicht nur methodische, es waren vor allem auch inhaltliche Grundpfeiler des Denkens. Anstelle der unbeweglichen Ideen seines Lehrers Platon, der übrigens seine eigenen Gedanken folgerichtig vor allen liegend und im Schatten hoher Bäume vorgetragen hatte, machte der wandelnde Aristoteles lieber die veränderbare Welt der Erscheinungen zum Thema seines Denkens – ohne dabei das Ewige, den »unbewegten Beweger«, gänzlich aus dem Blick zu verlieren.

Später, die klassische Philosophie hatte ihre Wege und Denkbewegungen meistenteils abgeschritten, da trat diese körperliche Weltaneignung in der Flanerie der Großstädte sowie im bürgerlichen Spaziergang noch einmal zutage – wobei das zugrundeliegende italienische Verb »spaziare« nicht nur das aristotelische Umherstreifen, sondern ebenso eine geradewegs räumliche Ausdehnung des Spaziergängers selbst meinte. Und während dessen im reinen Lustwandeln fundierter Spaziergang den Einfluss der äußeren Bewegung auf die inneren Gedankengänge betonte – wobei die neuen Parkanlagen und Promenaden bei der Verfertigung der Gedanken im

Gehen ganz sicher behilflich waren –, folgte der Flaneur der umgekehrten Bewegungsrichtung. So schrieb Walter Benjamin über die so merkwürdig entschleunigte Spezies auf den Trottoirs der jungen Megastädte, dass sich diese ihr »Tempo von innen« vorgeben lasse: Wäre es nach dem Flaneur gegangen, so Benjamin in seinem unvollendeten Passagen-Werk, so »hätte der Fortschritt diesen Pas nehmen müssen«[18]. Wie einst Aristoteles hielt also auch der moderne Flaneur an der zumindest poetisch erscheinenden Vorstellung fest, dass außen und innen über eine gemeinsame Straße verbunden sein müssten. Für Benjamin aber führte diese eher von innen nach außen denn von außen nach innen. Nicht das Denken mit den Füßen, sondern das Gehen mit der innerlichen Bewegung schien den urbanen Spaziergänger voranzutreiben. Eine Spezies, die die ursprüngliche Landschaft aus den Reiseromanen der vorangegangenen Jahrhunderte eingetauscht hatte gegen jenen Topos, den Benjamin einmal »die Stadtschaft« nannte, »wenn anders es wahr ist, dass die Stadt der eigentlich heilige Boden der Flanerie ist«.

Ein vorerst letztes Mal wurde dieser »heilige Boden« mit Hilfe der reflexiven Spaziergänge der sogenannten Promenadologen um den Soziologen

---

18 Walter Benjamin: »Das Passagen-Werk«. Frankfurt a. M. 1982.

Lucius Burckhardt betreten. Dieser propagierte Ende der 1970er Jahre eine Art experimentelle Umraumerforschung mit Mitteln körperlicher Bewegung in der Landschaft. Doch geblieben ist von Burckhardts mimetischen Raumaneignungen nicht viel. Schon die klassischen Flaneure in Berlin, London oder Paris sahen in ihrem absichtslosen Herumstreifen sowie in ihrer vollkommen nutzlosen Bewegung gegen den Strom der Masse ja vor allem eine ästhetische Widerstandsbewegung gegen die damals in Fahrt kommende Beschleunigungsgesellschaft sowie gegen die Zweckrationalisierung jedweder Bewegung. »Hier geht man nicht, sondern wohin«, lautete etwa die Klage des Berliner Schriftstellers Franz Hessel über den funktionalen Fußgänger, der unentwegt und überall um den Flaneur herumwuselte.[19] Und selbst noch Lucius Burckhardt sah seine an der Schnittstelle zur Kunst angesiedelte Spaziergangswissenschaft eher als ästhetische Reaktion auf die in den 1970er Jahren wild wuchernden Autostädte. Als realistische Alternative zum modernen Tempowahn hat er sie wohl nie verstanden.

Ein halbes Jahrhundert später hat sich der ohnehin derart weit in Geist und Gebiet eingefressen, dass jede Gegenwehr zwecklos und selbst der ästhe-

---

19 Franz Hessel: »Spazieren in Berlin«. Mit einem Vorwort von Stéphane Hessel. Berlin 2011.

tische Wider-Stand eines einzelnen Schlendrians mit Sicherheit vergebens wäre – zumal die Akzeleration auf den unzähligen Wegen und Boulevards, ja selbst auf den schnurgeraden Straßen und endlosen Highways aus der Spur gesprungen zu sein scheint. Denn längst haben wir die sinnlich erfahrbare Landschaft querfeldein verlassen – just in jenem Moment, in dem wir im virtuellen Raum zum entscheidenden Endspurt ansetzen. An den Simulatoren unserer Handys durchbrechen wir jetzt die letzte Schallmauer. Die Landschaft, jene imposante und von einem Gewölbe aus Himmel und Sternen überragte Passage, die als gigantischer Erfahrungsraum vom Hier zum Dort führen sollte und die bis gestern noch zugestellt war mit göttlichen Heimsuchungen, Prüfungen und Wundern, sie ist leergeräumt und auf Displayformat eingedampft worden. Wie in der weißen »Coke-Bottle-Corvette« aus »Welt am Draht« rasen wir seither durch die Dunkelheit, während wir eigentlich stillstehen. Nichts passiert, weil nichts passiert wird, kein Objekt in Sicht, das noch Reibung verspräche. Doch wenn der Widerstand durch Wirklichkeit fehlt, so hat es Hannah Arendt 1951 formuliert[20], dann wird alles möglich: Lethargie und Langeweile, aber auch Terror und Tod. Dann nämlich sind wir Fred Stiller.

---

20 Hannah Arendt: »The Origins of Totalitarianism«. New York 1951.

Helden ohne Abfahrt und ohne Ankunft; Reisende im Road Movie ohne Straße.

Und das einzige, was dann noch einen weiteren Fortgang verspricht, ist auf der Landkarte einer *customer journey* eingezeichnet: suchen, bestellen, an der Kasse bezahlen – gerne auch mit digitalen Bitcoins –, die simple Abfolge einer Shopping-Handlung. Egal, ob beim Einkauf, bei der Urlaubsbuchung oder beim Abo-Bestelldienst: Man folgt dem Bedürfnis bis zur Erfüllung. Shopping als totale Experience; als Entwicklungsreise auf dem kurzen Weg vom Reiz zur Kaufreaktion. Und die Wegmarken dieser Kundenreise sind kleine Touchpoints: Emotionen, Devices, Shopping-Decisions, Orte gelenkter Entscheidungsfindung. An ihnen führen längst nicht mehr Götter oder ein übergeordnetes Schicksal Regie, man folgt den *mind maps* des Konsumismus. Willkommen auf Ihrer kurzen Reise zu Ihrem Traumprodukt!

Der dissoziierte Mensch

I.

Kurz und gut: Wir stecken also fest. Vollstopp auf einer nicht einmal halb zurückgelegten Wegstrecke! Doch jede weitere Entwicklung scheint von hier aus versperrt, jeder nächste Schritt unmöglich zu sein. Wenn der einzige Weg von A nach B nicht mehr in einer heldenhaften Entwicklungsreise, sondern einzig in einer konsumistischen Reiseillusion, einer *customer journey*, besteht, so sind nicht mehr Reifung und Wachstum, nicht Initiation oder das Ausschöpfen innerer Potentiale, ja nicht einmal die verheißenen Bildungswege das Ziel; geblieben von den großen Versprechungen der Jahrhunderte ist lediglich Verzehr und unmittelbare Bedürfnisbefriedigung. Der gegenwärtige Konsumkapitalismus hat die allerorten spürbare Entwicklungshemmung längst zum Geschäftsmodell erkoren. In seinem Visier: *Kidults* – Menschen im Körper und mit der Kaufkraft von Erwachsenen, aber mit der psychischen Konstitution eines Kindes. Menschen, die steckengeblieben sind auf der halben Wegstrecke zwischen Teenie- und Erwachsenendasein. Ein kastrierter Heros, der nach wie vor mit den Füßen scharrt, der aber aus »Nimmerland« nicht wirklich loskommt.

Wie ein unreifer Nestling will dieser Typus unentwegt haben – und das möglichst sofort und unmittelbar. Zwischen Reiz und Erfüllung ist kein Millimeter Distanz mehr. Dabei verbraucht er mit Vorliebe ausgerechnet das, was er eigentlich nicht einmal benötigte: Computerspiele, E-Scooter, nostalgische Actionfiguren. Das ganze Repertoire einer eigentlich längst abgeschlossenen Lebensepisode. Aus einstmals freien Bürgern werden so zusehends zurückgebliebene und dependente Verbraucher. Denn jeder Impuls scheint nach unmittelbarer Befriedigung zu rufen. Das trotzige Aufstampfen mit dem Fuß ist vielleicht nicht nur die moralische Geste einer infantilen Gegenwart; es ist auch eine Leerlaufhandlung: als verberge sich hinter dem traurigen Trotztritt der verkümmerte Impuls zu einem Schritt in die Landschaft. Der Auftakt einer stets aufs neue hinausgeschobenen Heldenerfahrung.

Die NPD-Group, ein Marktforschungsunternehmen aus Port Washington, New York, beziffert den Umsatz, den US-amerikanische Spielwarenhersteller heute nicht mehr mit Kindern, sondern mit kindischen Erwachsenen erzielen, auf neun Milliarden US-Dollar. Das entspricht einem Viertel des Gesamtumsatzes der Branche. Die Kleinhaltung des Erwachsenen scheint somit eine regelrechte Goldgrube zu sein. Und dieser »morbide Kult des Infantilen«, wie er einst vom britischen Schriftsteller Aldous Huxley verspottet wurde, ist längst auch hierzulande *en vogue* geworden. Beispiel Gaming: Betrug der Umsatz auf diesem jungen Markt im Jahr 2012 lediglich 2,4 Milliarden Euro, so ist er heute, gerade einmal zehn Jahre später, auf fast zehn Milliarden Euro angewachsen. Der *Homo digitalis*, ein *Homo ludens*. Ein Spielkind, das zwar hinter seiner Konsole am entscheidenden Drücker zu sitzen scheint, ansonsten aber nichts Wesentliches zu sagen hat; ein elektronischer Hasardeur eben, der mit PC-Games wie »Tropico 6« und »Journey« permanent auf digitaler Reise ist, aber streng genommen nicht fortkommt. Und das vermutlich nicht, weil sich die Kidults über das tätige Spiel zugleich auch die in weiten Teilen noch unvertrauten Strukturen des digitalen Universums aneigneten, sondern weil sie geradezu feststecken vor diesem Nichts, das sich in den Flüssigkeitskristallmolekülen ihres Gaming-Monitors auftut. Am Bildschirm ist ihnen der mühsame Weg zum Erwachsenwerden nicht nur versperrt; er ist ihnen geradezu abhandengekommen. So verdaddelt der *Homo digitalis* sein Leben, ohne wirklich voranzukommen. Das Durchschnittsalter eines deutschen Gamers beträgt übrigens mittlerweile 37 Jahre. Gerade mal acht Jahre zuvor, im Jahr 2016, war er noch sechs Jahre jünger. Doch die Reifezeit zieht sich wie ein Kaugummi. Nur 23 Prozent aller Spieler sind heute überhaupt noch unter 19 Jahren und somit in einer Lebensphase, die man zu Recht noch Jugend oder Kindheit nennen könnte. Der Rest sind »Gernekleins«; grau gewordene Buben, die innerlich – zuweilen aber auch von Körperbau und Statur – nicht in das ihnen angemessene Alter hineinwachsen können.

Selbst die Arbeit ist ihnen noch zum Spiel geworden. Längst legendär: die »Kinderzimmer« der großen Tech- und Medienhäuser, in denen Mitarbeiter auf bunten Gummibällen hin und her rollen, während sie auf roten oder gelben Teppichen, mit grünen oder orangefarbenen Sitzhockern, mit Lego, Bauklötzen oder Buntstiften in jene heitere Kunst eingeführt werden, die von Unternehmensberatern als »Design Thinking« vermarktet wird. Was als Methode einst bei der Alphabet-Tochter Google in Mountain View, Kalifornien, berühmt wurde, das ist von der globalen Start-up-Szene längst dankend aufgegriffen und tausendfach imitiert worden. Der Psychologe Carl Gustav Jung nannte solche Kidults einst die *Pueri aeterna* – die ewigen Jungs – und bezog sich mit diesem Ausdruck auf eine mythische Figur, die erstmals in den »Metamorphosen« des Ovids auftauchte und die später in den rauschhaften und zumeist völlig entgrenzten Dionysos- oder Attis-Gestalten die Bühne unserer Vorstellungskraft betrat. Als psychischer Archetyp verkörpert solch ein *Puer aeternus* einen von Angst und Untätigkeit durchzogenen Erwachsenen, der menschliche Bindungen scheut und mit der Realität nur so weit in Berührung kommen will, wie sie ihn nicht weiter kränkt oder sein Weltbild in Gefahr bringt:[1] ein

1 S. hierzu auch: Martin Kunz: »Puer aeternus«. In: Gerhard Stummund, Alfred Pritz: »Wörterbuch der Psychotherapie«. 2. Auflage. Wien 2000. Sowie: Marie-Luise von Franz: »Der ewige Jüngling«. München 1987.

Mensch im ewigen Wartezustand, einer, der in der provisorischen Vorläufigkeit festklemmt, im Startblock des einstmals verheißenen Lebens, wo er stets von dem Gedanken gemartert wird, dass sein wahres Selbst erst in einer unerreichbaren Ferne Gestalt annehmen werde.

Und vermutlich liegt der *Puer aeternus* mit dieser Vorstellung auch nicht ganz verkehrt. Nur kann er in dieser Ferne eben nicht ankommen. So weiß etwa der Jung-Schüler Daryl Sharp[2], dass der ewige Jüngling unter wiederkehrenden schweren Träumen leide: Träume von Ketten, Gittern, Käfigen; von Knechtschaft und Gefangenschaft. »Das Leben selbst wird als Gefängnis erlebt«, so Sharp über den düsteren Bildhaushalt von Menschen, denen es an Möglichkeiten für ihren inneren – und oft auch äußeren – Ausbruch mangelt; die keine Weite, keine Tiefe und keine Wege kennen. Nur flache Affekte in einer flachen Landschaft. Darüber hinaus: unbegrenzte Unendlichkeit. Verloren in einer verflüssigten Welt, droht ihnen nun alles zu entgleiten. Das Leben, es ist für sie rauschhaft und scheint doch so eigentümlich verschwommen.

Es ist dies zunächst natürlich nur ein neurotisch empfundener Zustand. Der aber scheint mit den Lebenserfahrungen des zeitgenössischen *Homo digi-*

---

2 Daryl Sharp: »Jung Lexicon. A Primer of Terms and Concepts«. Toronto 1991.

talis derart verwandt zu sein, dass aus dem *Puer aeternus* fast so etwas wie der Urmensch des Cyberspace geworden ist. Denn auch der *Homo digitalis* hat ja seine Welt verloren. Auch er steckt fest in einem »Reich ohne Raum«[3], im Datenmeer ohne Formen und Grenzen. Das Leben, es mutet diesen digital erweiterten Menschentypus zunehmend wie eine fortschreitende Dissoziation an, als eine Welt ohne Trennlinien und ohne Umrandung, ohne Gestalt und ohne Form. Als wären selbst die einstmals sicher geglaubten Orte mit einem Mal unbewohnbar geworden. Das stahlharte Gehäuse unserer Wirklichkeit verflüchtig sich, und das Leben selbst droht uns zu entgleiten.

Ein solcher Zustand ist unhaltbar, insbesondere jetzt, zu einer Zeit, in der uns die Urbanisierung, die klimatischen Veränderungen sowie der permanente Raubbau an Natur und Ressourcen die Lebensgrundlagen zu entziehen drohen. Ausgerechnet jetzt also klammert sich der *Homo digitalis* traumverloren an eine weltverlorene Ideologie, mit deren Hilfe er über den existenziellen Abgrund hinwegzuschweben hofft. Der Transhumanismus, er ist ihm zur Eschatologie des ausgehenden Anthropozäns geworden. Mit der Datenbrille steckt er im

---

3 »Reich ohne Raum« ist auch der Titel eines Buches des dt. Schriftstellers Bruno Goetz, das erstmals 1925 erschienen ist und das später von C. G. Jung als Beleg seiner Theorie vom »ewigen Jüngling« herangezogen worden ist.

Informationsnirwana fest, und mit einem Schritt schwebt er über der Leere. Als glaubte dieser technisch erweiterte Mensch tatsächlich an eine Art cyber-ätherisches Weiterleben. In der psychiatrischen Literatur werden solch dissoziativen Ausbruchsversuche aus der Wirklichkeit übrigens als Derealisations- und Depersonalisierungsstörung beschrieben. Ein Spaltungsirrsinn inmitten einer als bedrohlich wahrgenommenen Realität. Mal versucht das Ich-Bewusstsein, aus dem eigenen Körper auszuziehen, mal wiederum verliert dieser Körper den Bezug zu seiner Umwelt. Als hätte der cartesianische Dualismus in dieser eigentümlichen Abwehr eine handfeste Pathologie gefunden, versuchen sich Geist, Körper und Raum gegeneinander auszutricksen. In Wahrheit handelt es sich hierbei um eine krankhafte Störung, die in ihrer ganzen Tragik vielleicht erstmals in einem Tagebucheintrag aus dem Jahr 1880 auftaucht. Damals schrieb der Schweizer Schriftsteller Henri-Frédéric Amiel: »Gegenwärtig kann ich die Existenz mehr oder weniger wie jenseits des Grabes betrachten, wie im Jenseits; ich kann mich auferstanden fühlen; mir ist alles fremd: Ich kann außerhalb meines Körpers und meiner selbst sein, ich bin entpersönlicht, distanziert, entwichen.«[4]

---

4 Henri-Frédéric Amiel: »Journal Intime«. Lausanne 1994. S. 532.

Auferstanden, aber ohne Körper: Der Traum der Transhumanisten, er ist hier zum Alptraum eines wahrhaft Auferstandenen, eines psychisch Kranken geworden. Heutige Patienten schildern es ähnlich: »Plötzlich kommt mir alles so fremd vor. Als ob mein Körper nicht mehr zu mir gehörte. Ich fühle ihn nicht mehr. Ich fühle mich wie abgestorben, wie tot. Es ist, als ob ich aus zwei Teilen bestünde. Ein Teil scheint ganz normal zu funktionieren [...]. Der andere Teil scheint davon abgetrennt, als ob er nur beobachtet«, so schildert es ein unter Depersonalisierungs-Symptomen leidender Mensch. Das Leben, geführt von irgendwo hinter dicken Wolken. Alles scheint fremd. Alles ist unwirklich geworden, und überall herrscht diese gähnende Leere, ja diese geradezu existenzbedrohende Lethargie. Laut einer Studie[5] sollen bis zu 74 Prozent aller Deutschen derartige Wahrnehmungsverzerrungen schon einmal am eigenen Leib erlebt haben. Zumeist kurzfristig und ohne nachhaltige Konsequenzen. Da ist die plötzlich einsetzende Müdigkeit oder eine schnell überwundene Entfremdung. Nichts, was wirklich ein Risiko darstellen würde. Eine weitere Studie[6]

5 ECM Hunter, M. Sierra, A. S. David: »The epidemiology of depersonalisation and derealisation. A systematic review«. In: »Social Psychiatry and Psychiatric Epidemiology«, Januar 2004.

6 Matthias Michal et al.: »Prevalence and correlates of deperzonalization in students aged 12–18 years in Germany«. In: »Social Psychiatry and Psychiatric Epidemiology«, Juni 2015.

klingt da schon wesentlich alarmierender: Ihr zufolge sollen sich 11,9 Prozent aller in einer repräsentativen Schülergruppe befragten Jugendlichen nicht nur punktuell schon einmal wie körperlos und neben sich stehend erlebt haben, sie befinden sich dauerhaft im Bereich einer klinisch relevanten Depersonalisierungserfahrung.

Gerade also unter den *digital natives* scheint ein von Welt und Umwelt getrenntes Selbsterleben fast schon zur normalen Alltagserfahrung geworden zu sein, wie der wiederkehrende Fluch einer Adoleszenz im 21. Jahrhundert. Oft über Tage hinweg erleben diese jungen Menschen ein dumpfes Nicht-mehr-Dasein, als wäre es die schicksalhafte Antithese zum grundsätzlichen In-der-Welt-Sein, wie es einst von Heidegger als unumstößliche Seinserfahrung beschrieben wurde. Diese Menschen aber, sie sind irgendwo: Zwischenwesen, Transwesen. *No-bodies* in einem flüchtigen Nimmerland. Und was sich in einer solch klinischen Dissoziation, die oftmals einhergeht mit Depressionen, Panikstörungen oder traumatischen Erlebnissen, als ernstzunehmende Erkrankung zeigt, das scheint der *Homo digitalis* als wünschenswertes Lebensziel zu betrachten. Entleibt, enträumlicht, entortet. »Trans-«, dieses merkwürdige Über-die-Dinge-Hinausschießen, dieses Jenseits- und Darüber-hinweg-Sein, es ist zum tragischen Vorwort unserer Zeit geworden: Trans-gender, Trans-formation, Trans-humanismus. Nicht mehr hier und niemals da sein. Und am Ende getrennt von allem und allen. »Ich bin nicht mehr da, ich erkenne mich nicht mehr [...] Ich bin nicht. Mein Ich ist gänzlich verschwunden«[7], so ein Patient des französischen Psychiaters Pierre Janet im Jahr 1919 – damals, als die Dissoziation noch als Krankheit und die Trennung von Körper und Welt noch als bedauernswerter Zustand galten.

III.

Etwas also läuft schief zwischen Welt und Körper. Die Grenzen zwischen uns und den Dingen sind in Gefahr. Die Räumung der Welt, welche einst mit der Digitalisierung begann, sie macht längst auch vor unserem eigenen Selbsterleben nicht mehr halt. Auflösungsängste grassieren. Es scheint, als müsste man sich jetzt wirklich beeilen. Ganz so, wie es Paul Cézanne bereits am Beginn der Moderne beobachtet hat, als er eindringlich davor warnte, dass immer mehr verschwinde und dass in hundert Jahren vielleicht schon alles verflacht sei. Beeilen wir uns also. Denn als erstes verschwinden die Kinder: Dissoziationen, aber auch die stetige Zunahme von Bulimie, Magersucht und anderen Essstörungen an der Grenze zum eigenen Selbst zeigen immer häu-

---

7 Zitiert nach: Berit Lukas: »Das Gefühl, ein No-Body zu sein. Depersonalisation, Dissoziation und Trauma. Eine Einführung für Therapeuten und Betroffene«. Paderborn 2003, S. 35.

figer, was passieren kann, wenn Angst sukzessive in Sehnsucht kippt. Jüngst bereits hat eine große deutsche Krankenversicherung feststellen müssen, dass unter ihren zumeist jugendlichen Versicherten mittlerweile doppelt so viele Essstörungen registriert wurden wie sechs Jahre zuvor.[8] Großbritannien verzeichnet eine ähnliche Entwicklung: Allein in den vergangenen fünf Jahren soll sich hier die Anzahl der im Krankenhaus wegen Bulimie und Anorexia behandelten Jugendlichen verdoppelt haben.[9] Die Zeit der Corona-Pandemie, mit ihrem verstärkten Home-Schooling und der körperlichen Isolation, hat diesen Trend nachweislich noch verstärkt. Der organische Körper samt seinen Unebenheiten und seinen Wunden scheint nicht mehr gefragt zu sein. In der Welt der glatten und aseptischen Oberflächen kann er sich bis an die Grenze zum Ich zurückziehen. Und sollte auch die einmal nicht mehr zu greifen sein, so ritzt man sich in die Empfindung zurück. Jeder dritte Jugendliche nämlich soll sich

---

8 Presseinformation AOK Nordost – Die Gesundheitskasse vom 15.01.2018. Zuletzt abgerufen am 30.05.2023 unter: https://www.aok.de/pk/cl/fileadmin/user_upload/AOK-Nordost/07-Presse/Dokumente/2018/180116_PI_GeWINO-Spotlight_Essstoerungen_zeigt_Anstieg_der_Diagnosen.pdf

9 NHS: »Eating disorder, self-harm and mental and behavioural disorder admissions by age«. Zuletzt abgerufen am 30.05.2023 unter: https://digital.nhs.uk/supplementary-information/2021/eating-disorder-self-harm-and-mental-and-behavioural-disorder-admissions-by-age

schon einmal selbst geritzt, verbrüht oder geschlagen haben.

Solche Zahlen dokumentieren natürlich nur das zufällige Zusammentreffen von Ereignissen: hier die Pathologie, dort eine kulturell unterfütterte Programmatik, dort die Störung, hier das Verschwinden von Welt und Erfahrung. Und dazwischen eine Korrelation, eine Häufung von Auffälligkeiten. Doch stand nicht auch Freuds berühmter »Fall Dora« in einer zunächst unverdächtigen Korrelation zur Überspanntheit einer ganzen Epoche? Und waren nicht seine bahnbrechenden »Studien zur Hysterie« eigentlich auch Studien über das *Fin de Siècle*, über eine Gesellschaft am Vorabend einer Katastrophe? Wie verhielt es sich seinerzeit mit der Schwindsucht? War nicht auch sie zunächst immer auch ein Brennglas, durch das man nicht nur eine Krankheit, sondern eine ganze Gesellschaftsgeschichte betrachten konnte?[10]

Jede Zeit sucht sich ihren Ausdruck: ihre Moden, Kulinariken und letztlich auch ihre Krankheiten. Ihre Leiden und ihre Leidenschaften. Das Leiden der Gegenwart, es kommt nirgendwo so gut zum Ausdruck wie in dieser bis ins Wahnhafte gesteigerten Sehnsucht nach Weltverlust. Diese nämlich findet sich längst überall:

---

10 Zur Geschichte der Schwindsucht s.: Ulrike Moser: »Schwindsucht. Eine andere deutsche Gesellschaftsgeschichte«. Berlin 2018.

Da ist die Finanzkrise von 2008. Bereits an deren Beginn stand eine beispielhafte Entrückung: Nach einer Rezession, ausgelöst durch die Terroranschläge vom 11. September 2001, flutete die amerikanische Zentralbank die Märkte zunächst mit neuer Liquidität; mit Geld, das zum damaligen Zeitpunkt wenig Gegenwert hatte. In der Folge vergaben auch die Geschäftsbanken immer leichtfertiger Kredite an Konsumenten und Immobilienbesitzer. Für diese Hypothekenflut aber mussten fast keine belastbaren Sicherheiten hinterlegt werden. Am Ende stand eine Welt, deren Finanzverhältnisse immer mehr in der Luft zu schweben schienen, eine monetäre Fiktion, die 2008 endgültig ins Leere lief; ganz so wie in den alten »Tom und Jerry«-Trickfilmen, in denen der emotional übererregte Kater über die Abbruchkante eines Abgrunds hinausläuft und erst im Moment seines schmerzlichen Sturzes bemerkt, dass die Luft seine immer schneller werdenden Schritte nicht zu tragen vermag.

Eine Luftnummer also, ein *fake*, eine durch und durch fluide Geschichte. Immer wieder wurde in den zurückliegenden Jahren der oft so schwer zu bewirtschaftende Boden der Tatsachen mit purer Ideologie und gefährlichem Wunschdenken bedeckt. Doch mittlerweile sind wir an einen Punkt gelangt, an dem solche Wirklichkeitssimulationen unsere Kultur, ja die gesamte Basis unseres Daseins hinwegzuschwemmen drohen. Weitgehend hat die

Fiktion die Realität niedergerungen, egal, ob bei den Transgender-Debatten und den Kontroversen um ein vermeintlich drittes Geschlecht oder auch nur beim anwachsenden Gebrauch von Hair-Extensions und Body-Enhancements, von Botox-Lippen und Silikon-Implantaten. Was jüngst noch falsche Fingernägel waren, sind heute falsche Nachrichten, falsche Körper, falsche Identitäten. Das Wahre ist derweil auf dem Rückzug. Nicht nur, weil es vom Fake bedroht ist, sondern weil es mittels eines noch Wahreren optimiert werden kann. Als wäre selbst alles noch nicht genug. Selbst die Kunst, die bis vor kurzem noch das vielleicht letzte Versprechen von Echtheit barg, hat sich mittlerweile im virtuellen Nichts entäußert. Als Datensatz in einer Blockchain, ein sogenanntes Non-Fungible Token (NFT), fristet sie dort das Schicksal einer unsichtbaren Kryptowährung. Ganz gleich also, ob postfaktische Politik oder eine Pandemie, die sich zwar auf digitalen Daten-Dashboards, kaum aber im realen Leiden spiegeln: Nichts verkörpert sich mehr im Leben, nichts ist validisierbar. Ein wenig geht es uns da wie dem legendären König Midas. Aber unser Fluch ist nicht die Vergoldung, unser Fluch ist die virtuelle Entortung: Eine Berührung am Touchscreen und alles verschwindet. Das Wissen. Die Landschaft. Die Räume. In einer solchen Welt ist alles falsch. Und wo alles falsch ist, ist auch alles richtig. Der Rest wird gefüllt mit dem, was der amerikanische Philosoph Harry Gordon Frankfurt

»Bullshit« nennt[11]: ein Gerede im luftleeren Raum, digitales Blabla eben. Geschwätz, das keinen kümmert. Die Realität ist ohnehin längst von einem Computermodell abgelöst worden. Und dieses Modell verwechseln wir mit dem Leben, so wie die Ikonodulen das Holzbild mit dem wahren Christus. So flüchtet sich also eine ganze Gesellschaft in die Dissoziation. Und selbst die notwendigen Debatten zur Klimakrise verlagern die drohende Katastrophe lieber in eine sphärisch abgehobene Zone als in einen nahe gelegenen Umraum. Alles ist eben entortet. Gerade so, wie es die »dataistische« Religion für uns vorgesehen hat.

Wir aber sind darüber längst lethargisch geworden, anästhetisiert in der schönen und körperlosen Welt. Regungslos liegen wir in unseren gläsernen Sphären – in all den transparenten Kuben, den Schneewittchensärgen aus purem Glas. Spieglein, Spieglein an der Wand, wer ist mehr *enhanced* im ganzen Land? Statt um das Leben im Echten geht es weiterhin nur um die Optimierung des Falschen: Botox, Silikon, Mikroworkout; und morgen schon Bodyhacks und der erste Chip. Mehr ist es nicht, mit dem wir uns im Zwergenland noch eine irgendwie bessere Zukunft erhoffen. Unsere Seelen sind müde, und die Körper wie tot. Am Ende übrigens, und das ist der vermutlich letzte Trost, den wir jetzt

11 Harry Frankfurt: »On Bullshit«. Princeton 2005.

noch haben, stolpern die Sargträger im echten Märchen der Gebrüder Grimm über das bodennahe Gehölz vor den eigenen Füßen; und all die Screens und Kuben, die Displays und die gläsernen Scheiben zerspringen mit einem Mal in tausend Scherben. Das Leben, es beginnt eben erst dort wieder, wo wir über dieses Leben zu stolpern beginnen. Denn dieses Leben, es ist eigentlich immer schon da gewesen: räumlich, erdverbunden und sehr konkret.

Literatur

Adams, Douglas: »Per Anhalter durch die Galaxis«. München 2009.

Anders, Günther: »Die Antiquiertheit des Menschen«, Bd. I, »Über die Seele im Zeitalter der zweiten industriellen Revolution«. 3. Auflage. München 2010.

Benjamin, Walter: »Das Passagen-Werk«. Frankfurt a. M. 1982.

Benjamin, Walter: »Illuminationen. Ausgewählte Schriften«. Frankfurt a. M. 2001.

Benjamin, Walter: »Das Kunstwerk im Zeitalter seiner technischen Reproduzierbarkeit. Drei Studien zur Kunstsoziologie«. Frankfurt a. M. 1963.

Borges, Jorge Luis: »Die Bibliothek von Babel«. Stuttgart 1970.

Brown, Dan: »Origin«. München 2017.

Bruno, Giordano: »Das unermessliche Universum und die zahllosen Welten«. Kindle Editionen 2017.

Campbell, Joseph: »Der Heros in tausend Gestalten«. Berlin 2011.

Frankfurt, Harry: »On Bullshit«. Princeton 2005.

Franz, Marie-Luise von: »Der ewige Jüngling«. München 1987.

Galouye, Daniel: »Simulacron-3«. München 1993.

Giedion, Sigfried: »Architektur und Gemeinschaft«. Hamburg 1956.

Han, Byung-Chul: »Die Errettung des Schönen«. Frankfurt a. M. 2015.
Heidegger, Martin: »Sein und Zeit«. Berlin 2006.
Kirchhoff, Jochen: »Die Erlösung der Natur. Impulse für ein kosmisches Menschenbild«. Klein Jasedow 2004.
Kurzweil, Ray: »Menschheit 2.0. Die Singularität naht«. Berlin 2014.
Lenzen, Manuela: »Der elektronische Spiegel. Menschliches Denken und künstliche Intelligenz«. München 2023.
Leeuw, Gerardus van der: »Phänomenologie der Religion«. Tübingen 1956.
Loos, Adolf: »Ornament und Verbrechen«. Herausgegeben von Oliver Ruf. Stuttgart 2019.
Lovelock, James: »Novozän. Das kommende Zeitalter der Hyperintelligenz«. München 2020.
Lukas, Berit: »Das Gefühl, ein No-Body zu sein. Depersonalisation, Dissoziation und Trauma. Eine Einführung für Therapeuten und Betroffene«. Paderborn 2003.
McLuhan, Marshall: »Die Gutenberg-Galaxis. Das Ende des Buchzeitalters«. Bonn 1995.
Mosebach, Martin: »Häresie der Formlosigkeit. Die römische Liturgie und ihr Feind«. München 2007.
Neiman, Susan: »Warum erwachsen werden. Eine philosophische Ermutigung«. Frankfurt a. M. 2014.
Novalis: »Die Christenheit oder Europa und andere philosophische Schriften«. Köln 1996.

Nietzsche, Friedrich: »Sämtliche Gedichte«. Stuttgart 2019.
Rilke, Rainer-Maria: »Die Gedichte in einem Band«. Berlin 2006.
Rosa, Hartmut: »Resonanz. Eine Soziologie der Weltbeziehung«. Frankfurt a. M. 2019.
Sharp, Daryl: »Jung Lexicon. A Primer of Terms and Concepts«. Toronto 1991.
Sloterdijk, Peter: »Sphären«, Band 1. »Blasen«. Frankfurt a. M. 1998.
Staubach, Nikolaus (Hg.): Außen und Innen. Räume und ihre Symbolik im Mittelalter. Frankfurt a. M. 2007.
Stummund, Gerhard, Pritz, Alfred (Hg.): »Wörterbuch der Psychotherapie«. 2. Auflage. Wien 2000.
Wells, H. G.: »World Brain. Aufsätze und Ansprachen aus der Zeit von 1936 bis 1938«. London 1938.

2023
zu Klampen Verlag
Röse 21 · D-31832 Springe
info@zuklampen.de · www.zuklampen.de

❦

Reihenentwurf: Martin Z. Schröder, Berlin
Satz: textformart, Göttingen
Gesetzt aus Baskerville Ten
Druck: CPI – Clausen & Bosse, Leck

❦

ISBN 978-3-98737-006-9

❦

Bibliographische Information der
Deutschen Nationalbibliothek:
Die Deutsche Nationalbibliothek
verzeichnet diese Publikation in der
Deutschen Nationalbibliographie;
detaillierte bibliographische Daten
sind im Internet abrufbar:
http://dnb.d-nb.de